SeagullBooks
横浜市立大学
002

独仏対立の歴史的起源

スダンへの道

松井 道昭

東信堂

スダン城(城砦から中庭を臨む)

はじめに

「スダン」――ヨーロッパ人でこの名を知らない人はいない。それは、北フランスのベルギー国境に近いムーズ河畔の町の名である。ここは古来、スダン織という高級黒ラシャの産地で知られていたが、「スダン」の名をヨーロッパ中、否、世界中に轟かせたのは、この特産物ではなくて戦争である。

一八一四年のナポレオン戦争、一八七〇年の独仏戦争、一九一四年の第一次世界大戦、一九四〇年の第二次世界大戦、すなわち一九世紀以来ドイツとフランスの間で戦われた四度の戦いにおいて、スダンはドイツ軍に侵入の突破口を献上してきた。なかでも有名なのが一八七〇年の独仏戦争と一九四〇年の第二次世界大戦の激戦であり、いずれのばあいも、スダンでの攻防戦が事実上、戦争そのものの帰趨を決することになった。フランスの国境の町で四度もドイツ軍と戦い、そのつど敗北と占領を経験したところは他にない。「スダン」の名を耳にして、恥辱と痛恨の情に襲われないフランス人はいない。彼らにとってこの名は「負けいくさ」ないし「作戦上の抜かり」と同じ響きをもっている。

国民性のつねとして、敗戦記念物というものは残りにくいせいなのかもしれないが、スダンには、戦争の記念碑に類するものは町外れの記念柱と古びた要塞以外何も残っていない。博物館となった要塞を訪れた人は、ここで哀れにも捕虜となったナポレオン三世の肖像画やプロイセン軍の一本角兜に出くわす。また、第二次大戦の強制収容所として使われた形跡をこの要塞に確かめることもできる。

スダンはこのように、長期にわたる独仏抗争を象徴する町であり、著者がなぜ本書の副題に「スダン」をもってきたかはおわかりいただけたかと思う。もうひとつの理由は、一八七〇年の独仏戦争でもって本書の締めくくりとしたかったからである。この戦争は、それまでの独仏の長い抗争史の帰着点でもあり、また、新たな遺恨戦争の出発点でもあって、その意味で二〇世紀の独仏関係およびヨーロッパの政治や社会を理解するうえで欠かせない手掛かりを与えてくれるように思われる。

本書は九世紀以来の独仏抗争の歴史を、主にフランスの外交政策の視角から考察したものである。社会史花盛りの昨今、少々古びた手法で歴史に迫ることはかなり勇気を要する。しかし、ときには政治史のピンポイント分析や社会史の細かな描写を離れ、時間の大きなうねりのなかで諸事件をとらえ直すことも、あながち無駄とは言えないであろう。短いタイムスパンにおいて事件と事件を因果の連鎖のなかに置くことは比較的容易でもあり、また確実な方法でもある。それとは対照的に、諸事件を幾世紀来の伝統ないし惰力の延長上に位置づけることは、どちらかと言えば恣意的であり、危険な方法であるかもしれない。しかし、この俯瞰的アプローチは、あまり近接していては見えにくいものを浮き立たせる効果があり、それを通じて得られる結論はひとつの試論として多少なりとも意義をもつのではないかと信じる。

終わりに、本書刊行に当たって、出版を快くお引き受けいただいた東信堂の下田勝司社長、そして拙い原稿を丹念に読まれ、さまざま有益なご助言を頂戴した二宮義隆氏にたいして、謝辞を表さなければならない。

なお、本書の刊行について、横浜市立大学学術研究会より出版助成金を頂戴し、「シーガル・ブックス」創刊の仲間入りできたことを至上の喜びとするものである。

二〇〇〇年一二月

松井　道昭

目次／独仏対立の歴史的起源――スダンへの道――

はじめに……3
図版・写真一覧……12
序章　ヨーロッパ史におけるダイナミズム……15
1　分裂のヨーロッパ　16
2　ヨーロッパの「三権分立」　21
第1章　独仏対立の起源……23
第1節　「独」「仏」「教」三巴の争い……23
第2節　自然国境……28
1　フランスの政治的安定性　28

2　ドイツの二つの中核　31
第3節　シャルルマーニュの帝冠……34
第4節　独仏の生地の差……40
1　地域差の根源　40
2　フランスの世襲王制　44
3　ドイツの選挙王制　46

第2章　独仏の命運……51

第1節　分裂状態を望むドイツ人……51
1　分権と集権　51
2　史上最小の選挙区　55
第2節　独仏の力関係の逆転──ブヴィーヌの決戦……56
第3節　フランソア一世とカール五世の宿命的対決……61
第4節　宗教戦争……64
第5節　ドイツ三十年戦争とヴェストファーレン条約……69

1 信仰問題より国家理性の優先 69
2 ヴェストファーレン 72

第3章 ドイツの覚醒……78

第1節 フランス革命……78
1 対岸の火事 78
2 フランス外交政策の転換、そして再転換 83
第2節 ナポレオン支配……86
第3節 ナポレオンの「大陸制度」がドイツの経済的統一を促す……90
第4節 ウィーン体制は不満同盟であった！……93
1 ウィーン会議とドイツ新体制 93
2 フランスの懸念 99
第5節 ドイツ関税同盟とフランス外交……101
1 三つの関税同盟 101
2 フランスの妨害 105

第6節　大小二つのドイツ……109

第4章　一八一五年のトラウマ……113

第1節　「大ナポレオン」の凱旋……113
第2節　一八四〇年の危機——ティエール……118
1　現実主義の政治家　118
2　「東方問題」　121
第3節　「扶墺滅普」政策への回帰……125

第5章　スダンへの道……129

第1節　一二月二日の男……129
第2節　「帝政は平和なり」……132
第3節　クリミア戦争……136

第4節　ナポレオン三世のジレンマ……139
1　十字軍の再現　139
2　カヴール　142
3　ビスマルクの自覚　147
第5節　普墺戦争とフランス……150

第6章　独仏戦争……158

第1節　開戦前夜……158
第2節　エムス電報事件……162
第3節　勝者も敗者も誤算!……167
第4節　メッス事件……171
第5節　アルザス=ロレーヌの割譲……178
第6節　エピローグ……185
1　ドイツへの影響　186
2　フランスへの影響　190

3 ヨーロッパへの影響 194
参考文献……198

図版・写真一覧

スダン城(城砦から中庭を臨む)(2)
ヨーロッパの地形 (18)
シャルルマーニュ (35)
フランク王国の分割(ヴェルダン条約)(43)
ブヴィーヌの戦いの戦闘配置図 (58)
聖バーソロミューの虐殺 (66)
リシュリュー枢機卿 (71)
断頭台上のマリー・アントアネット (82)
ナポレオン帝国 (87)
ルイ＝フィリップの到着 (115)
ティエール (119)
ナポレオン三世 (133)
ビスマルクの風刺画 (149)
ユジェニー皇后 (163)
スダン陥落後におけるナポレオン三世と
　ヴィルヘルム一世との会見(ベルヴュ城)(169)
メッス城砦の一部 (172)
バゼーヌ元帥の風刺画 (174)
アルザス＝ロレーヌの割譲(風刺画)(180)
ドイツ第二帝国の誕生(ヴェルサイユ宮殿鏡の間)(187)
独仏戦争におけるパリの英雄的防衛を記念する
　デファンス像(パリ近郊デファンス地区)(192)

独仏対立の歴史的起源——スダンへの道——

序章　ヨーロッパ史におけるダイナミズム

最近にわかに注視されるようになったEU（ヨーロッパ連合）の動きは、ヨーロッパを戦場として戦われた二度の大戦の反省に立脚する試みである。すなわち、第一次大戦では二五〇〇万人の死者を出したが、その傷が癒える間もなく、再び悪夢が襲いかかる。第二次大戦は世界規模の戦いとなり、死者の合計は五〇〇〇万人以上に達した。この人類未曾有の大悲劇がきっかけとなって、それまでは夢想にすぎなかった「ヨーロッパ合衆国」への企てが本気で取りあげられることになったのである。

二度の大戦の勃発にはいくつかの要因がからまっているが、いずれもドイツとフランスの角逐が発端となったという点で共通性がある。過去に溯ると、両国の衝突は数限りなくある。最近の二百年に限っても四たび衝突している。第二次大戦は第一次大戦を、第一次大戦は独仏戦争（一八七〇〜七一年）を、独仏戦争はナポレオン戦争を原因として発生した。つまり、両国のうち敗者となった側が、次の戦争でリターンマッチを挑むかたちの遺恨戦争が連続したのである。そして、第二次大戦後になると、両国関係は急速に改善された。両国はとくにEU統合への努力において、その節目節目でつねに共同歩調をとるほどに協調的である。

こうみてくると、最近二百年の世界史は独仏の対立と協調を軸にまわっていると言ってもけっして過言ではない。

それほどに近現代史に重要なインパクトを与えた独仏の角逐は、いつから何を原因として始まったのだろうか。独仏抗争の原因を探るためには、もう少し視野を広くとり、ヨーロッパの次元に置き直してみる必要があるだろう。独仏が歴史的にみて、つねにヨーロッパのリーダーであったという理由だけから、このように主張するのではない。独仏の歩みはヨーロッパのそれと密接なかかわりあいをもち、そこには、ヨーロッパ史にみられる普遍的な特徴が随所にみられるからである。

それゆえ、本章においては総論として、まずヨーロッパ史の特質を述べることにしたい。独仏抗争にはむろん、両国に固有の歴史的、文化的な事情がかかわっているが、この特質については次章で検討することにしたい。

1　分裂のヨーロッパ

ヨーロッパの歴史を顧みるとき、他の文明のそれと顕著に異なる事柄がある。それは、面積の点では中国よりも小さな地域に、一度として全域を支配する大国が出現しなかったことである。ヨーロッパでそうした動きがなかったのではない。それどころか、覇権をめぐる争いは他のどこよりも激しく、ヨーロッパはいわば慢性的な紛争多発地域の状態にあった。それにもかかわらず覇権国家はついに出現せず、この地域はつねに政治的に分裂したまま今日まで歴史を刻んできたのである。

たしかに、かつてローマ帝国が存在した。その勢力圏はフランスの平原を越えて、遠く北海に臨み、やがては海峡を隔てたブリテン島にまで達する。しかし、この国は本質的に地中海国家であり、内陸部への食い込みはライン川とドナウ川が限界であった。その最大版図は現在のヨーロッパの半分でしかない。その後、この規模の国家にしても再び現れることはなかった。

ヨーロッパに全域を支配する国家が出現しなかったのは、ここの地理的特性に負うところが大きい。ここには、アジアの騎馬民族がたちまち広がって大帝国を樹立しうるような広大な平原がない。平原はあるにはあるが、それは北(大西洋沿岸、バルト海沿岸)と東(東ヨーロッパ平原)に集中している。しかもその平原は、他文明の基礎となったガンジス、ナイル、チグリス＝ユーフラテス、黄河、長江などの河川の流域に匹敵するような肥沃な土壌をもたない。

その他の土地は急峻な山脈、低い山地、丘陵、それらの間に散在する盆地である。人々は盆地、海岸部の低地、河川の両岸に固まって住んでいる。

ヨーロッパの山脈はその南側と北側に限られている。南側はピレネー、アルプス、ディナール＝ア

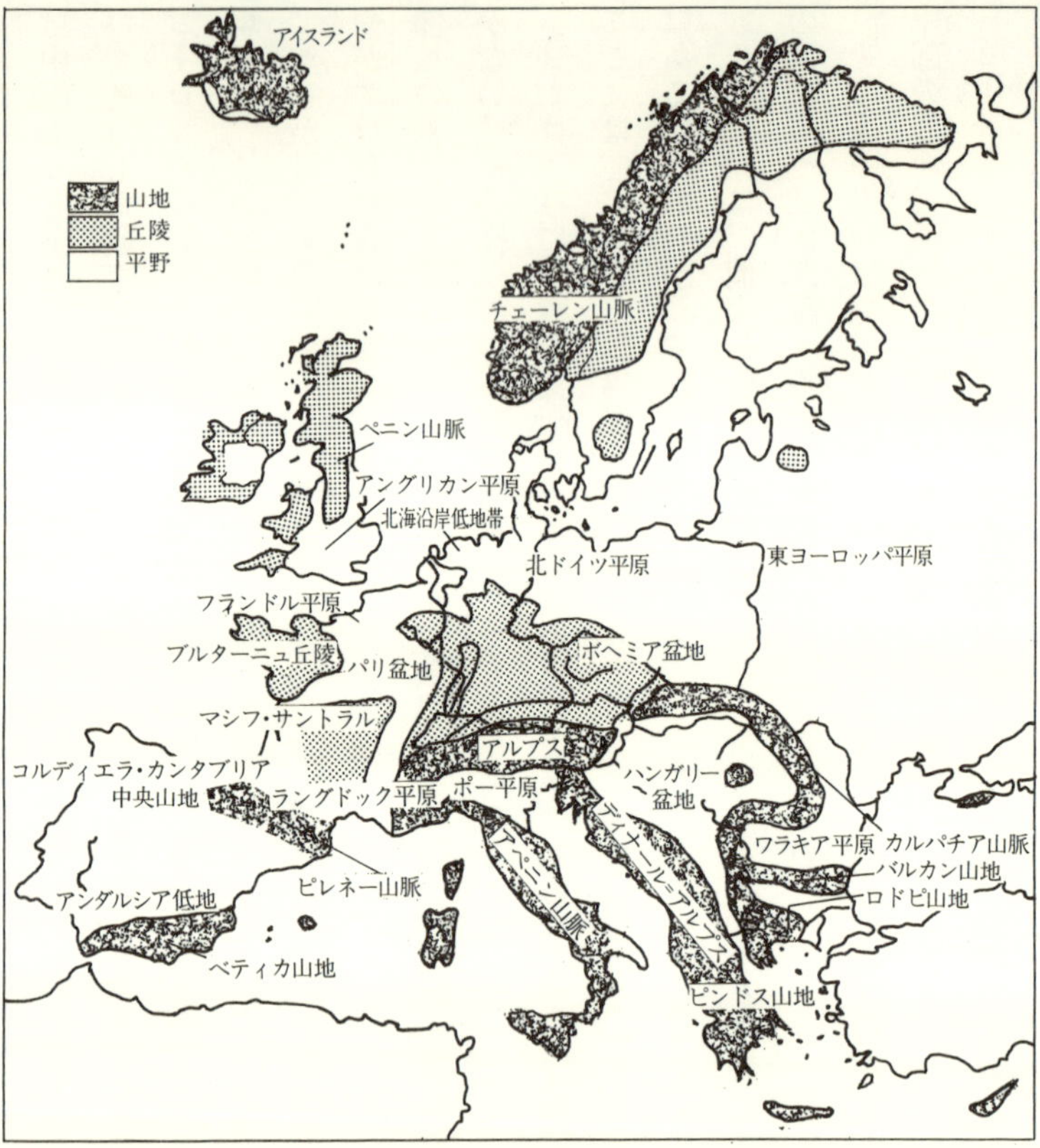

ヨーロッパの地形

ルプス、カルパチアの山脈に、北側はスカンジナヴィア半島のチェーレン山脈に代表される。このことはヨーロッパの文化地域を考えるうえで、非常に重要である。

地理的特性は気候に大きな影響を与える。東西に走る山脈は気候上、北部と南部をはっきり分断する。それ以上に重要なことは、偏西風は山地に遮られることが少ないため、大陸の内部にまでメキシコ湾流の湿潤な暖気を送り届けることである。西ヨーロッパは緯度からいってかなり北に位置しているにもかかわらず、この地が温暖で人間活動に適していたのはこのためである。しかし、東に進むにつれて偏西風の影響は弱まって大陸性気候となり、とくに冬の寒さは厳しさを増していく。

地理と気候上の多様性は重要な政治的結果につながる。すなわち、いかに強力な政治権力をもってしても、ヨーロッパ全体の支配を打ち立てることは困難であった。古くはフン族とモンゴル族が征服に失敗したし、新しいところではナポレオンとヒトラーがともにロシア遠征に失敗した。峻厳な山脈と厳しい気候に阻まれ、南北を同時に支配する政権は現れなかった。こうしてヨーロッパでは、小さな政治単位の分立状態――平地の王国、辺境の植民国家、山地の部族国家、海辺と河岸の都市国家など――が永続することになった。

また、地理と気候上の多様性は経済的結果につながる。各地が多様な特産物を産出したのである。木材・穀物・ワイン・羊毛・海産物・鉄鉱石などがヨーロッパの北と南を繋ぐ交易品であった。これらは、オリエントの隊商が運ぶ贅沢品とは異なり、嵩ばって価値の少ない商品ではあるが、水上交通で大量に運べば、商人にとってけっして儲けは少なくなかった。ヨーロッパは三方を海に囲まれ、しかも河川が内陸の奥まで緩やかにつづいていたことが幸いした。

この国際的な水上交通はときに戦争や疫病の発生で中断されることはあっても、全体として拡大しつづけ、繁栄の基礎を築き、食糧事情を改善し、国際的な経済分業を促した。古くから信用や保険などが国際規模で用いられていたという事実はヨーロッパ商業の特質をなす。

こうした国際規模の交易活動は文化交流ともなるわけで、ヨーロッパ人が長く一体感をもちつづける要因となる。

さらに、ヨーロッパを単一の文化圏としてまとめあげる役目を果たしたもうひとつの要素がある。それはキリスト教であり、それは前述のような地理の壁をものともせず異教を駆逐して徐々に広がり、人々の間に根を張っていく。領地がモザイク模様を呈したなかにあっても、キリスト教は住民たちに、自分たちが同じ文化地域に属しているという意識をもたせる。それゆえ彼らにあっては、キリスト教徒とヨーロッパ人はほとんど同義であった。ヨーロッパの文化と歴史を考えるとき、このことは非常に重要である。

フランス人はしばしば「ピレネーより南、ドン川より東はヨーロッパではない」と言う。それは地理的境界を指しているようにみえるが、実は文化的境界を述べているのである。これは当該地域の住民を夷狄扱いする言い方である。「ピレネーより南」すなわちイベリア半島はかつてイスラム支配下にあり、「ドン川より東」すなわちロシアはギリシャ正教の支配下にあり、ともにキリスト教世界とは異質の世界が広がっていた。それゆえ、ヨーロッパとは、特定の空間を占めるキリスト教世界ということになる。

2　ヨーロッパの「三権分立」

ヨーロッパ史の第二の特徴は東洋風の専制権力の不在である。周知のように、人間生活のあらゆる面を統御する専制君主が出現するのは東洋においては当たりまえのことだが、ヨーロッパではどの地域、どの時代においても、政治・経済・文化(宗教)を一手に司る専制的権力はついぞ現れなかった。国王・諸侯・市民・カトリック教会は自力で経済基盤を築き、相互に絶えず牽制しあっていたため、いつの世も競争を強いられた。政治の実権は国王や諸侯が、経済の実権は市民が、そして文化(宗教)の実権はローマ＝カトリック教会がそれぞれ握る。われわれはこれをヨーロッパの「三権分立」と呼ぶことにしよう。

この「三権分立」はヨーロッパ史における勢力均衡の根源であり、多発する騒乱の要因であり、換言すれば、ヨーロッパ社会の活力の源泉でもあった。政治権力、経済権力、文化権力のどの勢力も、ひとたび油断したり硬直化したりすれば、たちどころに競争相手に征服されてしまうのである。

一時、隆盛を誇ったポーランドやハンガリーが国家的中央集権化に失敗して究極的に亡国の悲哀を味わったのが典型であろう。また、中世であれほど隆盛を誇ったハンザ同盟がオランダに通商覇権を奪われたのも、同じ理由によってである。さらに、一時期、諸王の上に君臨するほどの権勢をふるったローマ教皇がドグマを振りまわした結果、プロテスタントという対抗勢力を生み出し、しまいに信徒の宗教離れを引き起こしたのも油断と奢りが原因である。

これとは反対に、ドイツとフランスがヨーロッパ史において長期の影響力を保持したのは、次章で述べるような両国の地政学的位置もさることながら、それぞれが聖俗の力関係を巧みに利用し、力の温存を図ってきたからである。

一方、「きのうの敵はきょうの友」――競争相手はときには味方にもなる。諸侯の圧政に苦しむ市民は他都市の仲間と同盟して戦ったり、諸侯のライバルたる国王に援助を求めたりする。諸侯はしばしば同盟して国王に反抗し、世俗領主の干渉を嫌う教会は国王や諸侯に支援を求める。このように、諸勢力の離合集散と合従連衡はヨーロッパ史の本質的要素であったのである。

調停者(専制君主)が不在である以上、勢力均衡が崩れるとすぐに戦争が始まる。ヨーロッパでは二〇世紀にいたるまで戦乱状態が常態であって、平和が例外であったのはこのためである。ヨーロッパの「三権分立」は後述するように、本書の課題=独仏抗争においてもっとも典型的にあらわれ、その展開にもっとも強い影響を与える。

第1章　独仏対立の起源

第1節　「独」「仏」「教」三巴の争い

独仏対立の起源を探ろうとすれば、両国の形成時にまで溯って考察する必要がある。フランク王国という同じ母体から生まれた兄弟国家としてのドイツとフランスは、九世紀に分裂してから二〇世紀までの一千年以上もの間、絶え間なく対立抗争を繰り返してきたからだ。しかも、その抗争にはつねに、ローマ＝カトリック教会の首長の教皇がからんでいる。そして、ドイツ、フランス、教皇の三者間の抗争は他の諸国や勢力を巻き込み、大規模な戦争に発展するというのがいつものパターンであった。

ドイツ、フランス、教皇の三勢力のうち、少なくとも二つ以上がからむ主だった紛争を列挙してみよう。

ここでいう「独」とはドイツ国家の意であるが、ゲルマン民族の諸国家の総称である。すなわち、東フランク、神聖ローマ帝国、オーストリア、プロイセン、分裂国家時代のドイツ諸邦などを含む。ドイツ人の定住地域は時代とともに広がる傾向にあるが、その本拠地はほとんど動かない。「仏」とはフランス国家の意だが、西フランク、カペー朝・ヴァロア朝・ブルボン朝のフランス王国、フランス共和国および帝国を指す。フランスは終始同一であったのではなく、異民族を呑み込み、これを同化させつつ領土を拡大してきた。「教」とはローマ＝カトリック教皇の意だが、教会勢力の全体を指すばあいにも用いる。

なお、（）内の数値は西暦年である。これらの戦争には「独」「仏」「教」以外の勢力が介在するばあいも少なくないが、ここでは割愛する。

叙任権闘争（一〇七五～一一二二）	独・教
十字軍遠征（一〇九六～一二七〇）	独・仏・教
ブヴィーヌの戦い（一二一四）	独・仏・教
シスマ（教会分裂、一四・一五世紀）	独・仏・教

英仏百年戦争（一三三八～一四五三）* 独・仏・教
第一次～三次イタリア戦争（一四九四～一五五九） 独・仏・教
宗教改革と宗教戦争（一六・一七世紀） 独・仏・教
ドイツ三十年戦争（一六一八～四八） 独・仏・教
ルイ十四世の戦争（一六六七～一七一四） 独・仏
七年戦争（一七五六～六三） 独・仏
フランス革命戦争とナポレオン戦争（一七九二～一八一五） 独・仏・教
第一次イタリア統一戦争（一八一二～三四） 独・仏・教
第二次イタリア統一戦争（一八四八～七一） 独・仏・教

＊「英仏百年戦争」は基本的にイギリスとフランスの間の戦争である。だが、これに「教」がからまっているとするのは、この戦争が教皇庁がアヴィニョンとローマに分裂している最中に起き、そのため権威を一時、喪失したキリスト教会が世俗勢力間の紛争にたいして調停力を著しく減じた結果、英仏紛争が長引くことになったことを指す。

「百年戦争」に「独」も関係していると言うのは、神聖ローマ皇帝が間接的にイギリスに荷担したことを指す。フランス王の陣営は内部的に分裂していたが、そのうちの反国王派の頭目ブルゴーニュ侯は封建関係を通じて神聖ローマ皇帝に服従していた。このブルゴーニュ侯がイギリスに味方しフランス王に反旗を翻したとき、神聖ローマ皇帝も同侯を応援するかたちで「百年戦争」に参戦したのである。

クリミア戦争（一八五三〜五六）　独・仏・教
仏墺戦争（一八五九）　独・仏・教
普墺戦争（一八六六）　独・仏・教
独仏戦争（一八七〇〜七一）　独・仏・教
第一次世界大戦（一九一四〜一八）　独・仏
第二次世界大戦（一九四〇〜四五）　独・仏

これを見てすぐわかるように、ヨーロッパを舞台とする戦争で「独」「仏」「教」のからまないものは少なく、それを探すのに苦労するほどである。三勢力の争いとまったく無関係の戦争を敢えて挙げるとすれば、レコンキスタ（イベリア半島を舞台にしたキリスト教徒の国土回復運動、一一〜一五世紀）、英蘭戦争（一六五二〜七四年）、北方戦争（ロシアとスウェーデンの争い、一七〇〇〜二一年）しかない。人によっては、これら三勢力と無関係な戦争の例として、一七世紀のオランダ独立戦争、一九世紀のギリシャ独立戦争、ベルギー独立戦争、デンマーク戦争などを引き合いに出すかもしれないが、これらの戦争にも独仏両国はやはり大なり小なりかかわりをもっている。他はすべて内乱または隣国同士の小規模な軍事衝突、あるいは異民族との攻防戦のいずれかである。

ドイツ、フランス、教皇（国家）は昔から今の状態であったのではなく、それ自体が歴史的に形成されてきた。これら三勢力は形成過程のヨーロッパにおいて覇権をめぐって争い、その結果として逐次、領土的ないし政治的な決着をつけてきた。それが現在の配置における国家であり、ヨーロッパであるということだ。

同じ国家の間で戦争が繰り返されたことを裏返しに言えば、勝敗の結果が決定的なものにならなかったことを意味する。つまり、勝者は敗者を圧倒し、無条件降伏を迫るほどの超越的な力をもたなかった。その最大要因は、主権者が国内の人的・物的資源にたいして大きな統制力をもたず、長期間の戦闘を維持できなかったからである。中世の封建戦争がその典型であるが、近世の傭兵戦争、その後の絶対主義戦争についても同様のことが言える。フランス革命を迎え、国民を総動員する方法――いわば「軍事的民主化」――が現実のものとなって初めて、戦闘の大規模化と長期化が可能となった。

もうひとつの要因は第三国の干渉である。前章でみたように、ヨーロッパでは地政学上の理由からつねに群雄割拠の状態がつづいており、ヨーロッパの勢力地図を一変させるような決着は、中立国といえどもこれを望まなかった。したがって、利害関係をもつ諸国は機をみて介入または調停に乗り出したのである。

前掲の戦争一覧から読み取れるもうひとつの事柄は、当初、「独」「仏」「教」の三巴の争いに終始していたのが、ドイツ三十年戦争以降はしだいに「教」のからみが薄れ、独仏の抗争に単純化していくことである。そして、一九世紀後半になると、「教」は紛争当事者としても、また調停者としてもほとんど影響力を失っていく。それは、宗教改革および宗教戦争ののち徐々に進行したキリスト教信仰の衰退と関係がある。ターニングポイントとなったのはイタリア統一戦争である。

第２節　自然国境

独仏両国は事あるごとに相手を出し抜き、弱体化させようとした。ヨーロッパ史で一大画期をなす一六四八年の時点、すなわち、ヴェストファーレン条約の締結時点で両国の力関係をみるとき、それに成功したのがフランスであり、失敗したのがドイツである。前者は押しも押されもせぬ大国となり、後者はバラバラに分裂した弱小国家に陥っていた。

近代社会に入る直前において独仏両国はなぜ、このような対照的状況を迎えたのであろうか。そうした命運には自然的要素と社会的要素が作用している。

1　フランスの政治的安定性

フランスの現版図の輪郭は大西洋、ピレネー山脈、地中海、アルプス山脈、ライン川、アルデンヌ高原、北海で囲まれた六角形をなしている。それらの地形的要素はまさしく〝自然国境〟をなしているかのようである。すなわち、フランスの核となる小さな国家がしだいに膨脹し、将来、何らかの形をとるとすれば、この六角形になることをあらかじめ宿命づけられていたかのように。

〝自然国境〟なる理念は、一九世紀末から二〇世紀初頭にかけてヨーロッパ列強――アメリカも日本もそうだが――が対外膨脹しようとするとき、決まって自己正当化の論拠としてもちだしたものである。だが、〝自然国境〟は強者の手前勝手な理屈であり、その「境界」は本来的に恣意性を帯びないわけにはいかない。ゆえに、これを絶対化してはならないであろう。

しかし、与件としての自然が人間社会の形成や諸社会相互の関係を規定してきたことについては、疑問を挟む余地がない。人類が不断に科学技術を発展させたとしても、やはり限界のようなものは残るのであり、この制約は歴史を溯れば溯るほど大きくなる。たとえば、ヒマラヤ山脈で妨げられたインドと中国の交渉は有史以来少なかったし、海峡で隔てられたイギリスや日本は国防の面で有利であり、大陸から侵入を受けることが少なく、政治・文化・経済の面で自立的発展を成し遂げたことを想起してみればよい。

話をフランスに戻そう。フランスそのものは、その全土がフランク族の定住地として最初からまとまった国ではなかった。ヨーロッパのどこでも見られるように、その領地は諸民族の寄り合い世帯のモザイク模様を描いていた。これを統合したのがフランク族であり、征服と封建法が統合の手段となった。

しかし、フランク国家は封建国家のつねとして、統一は長くつづかず再びバラバラの分裂状態に陥る。だが、九八七年、カペー王朝の出現とともに徐々に再統合に向かって歩む。途中、紆余曲折があったとしても、その後の一千年のタイムスパンでみると、それはほぼ順調な国家統合への過程であり、その流れを最終的に堰止めたのが前述の〝自然国境〟であったのである。

カペー王朝が野心的であり、かつ国運に恵まれたことは後述に譲るとして、ここではフランスがつねに求心力を失わなかった要因としての地理的特性について述べることにしよう。カペー家の故地はパリ盆地の中央部イル＝ド＝フランスである。ここは今も昔もヨーロッパ有数の穀倉地帯であり、人口密度が高かった。要するに、豊穣の地であって大国の中核となるにふさわしい地域であった。

パリ盆地のまわりは同心円状にケスタが広がっている。この地形は外側に急峻な崖を向けた同心円構造をもつ天然の要害である*。パリ盆地に侵入した外敵はこの地形のため、攻略にてこずる。たとえば、一九一四年九月と一九一八年七〜八月の二度にわたる「マルヌ川の戦い」でドイツ軍の猛攻撃を辛くも挫いたのは、フランス軍の果敢な防陣もさることながら、このケスタの地形であった。

フランス史を貫くところの政治的安定性は、実はこうした恵まれた自然的特性も関係しているのである。

＊緩く傾斜する硬岩と軟岩の互層が浸食されて、表面が鋸の歯のような起伏の形状になった地形を言う。パリ盆地の断面図は皿を（硬岩と軟岩を交互に）何枚も重ねたような形状をなしている。狭い層の硬岩は浸食に耐え崖として残る。広い層の軟岩は浸食で削られ陥没し、緩やかな坂となる。パリから車で外に向かうと、まず緩やかな上り坂、そして崖、緩やかな上り坂、ふたたび崖――というリズムをいく度も味わうことになる。

2　ドイツの二つの中核

一方、ドイツの〝自然国境〟は海と山であった。すなわち、北にはバルト海が広がり、南にはアルプスとディナール＝アルプスの険しい山脈が立ちはだかっている。そのためにドイツ人は北と南に進出しようとすると、自ずと障壁にぶつかる。また、西方には兄弟国家の西フランクが控えており、これを併合しない限り拡大は望みえなかった。

しかし、東方が開けていた。そこにはバルト海沿いに東に向かって広大無辺な平原がつづくのみで、どこまで進んでもこれといった障害は見当たらない。さらに東南方向にも盆地と河川流域の平地が回廊のように連なっていて、発展への可能性が開けていた。

ここにドイツ史のもつ不気味さの根源が、言いかえればドイツ人を宿命づける不幸の原因が潜んでいる。じっさい、ドイツ人はあるときは異民族(ポーランド、チェコ、スロヴァキア、ロシアなどのスラブ諸族とアジア系のハンガリー人)を駆逐し、またあるときは平和的な植民活動のかたちで移住し、そこの異民族と共棲するにいたる。したがって、ドイツの国境はどこで終わりなのかがはっきりしないのだ。いずれにせよ、ドイツ人が進出先でドイツ人のみから成る民族国家をつくるのはむずかしく、どこでも異民族と混住せざるをえなかった。諸民族混住の国家群において差を認めるとすれば、支配民族がドイツ人であるか、それとも他民族であるかの差である。どちらにせよ、民族相互の摩擦は避けられない。

ドイツ国家は当初、強力な国家(神聖ローマ帝国)として出発しながら分裂に分裂を重ねていくが、絶えず分裂を繰り返しているなかにも、二つの中核国家が開拓者集団のなかに形成されていく。それらは前述の二つの地理的開放部にあった。一つはブランデンブルクという辺境領(Mark)であり、もう一つはオーストリアである。

前者はベルリンという寒村に根拠地をもっていた。ここはバルト海に接する北ドイツ平原の真っ直中に位置する。ブランデンブルク領が形成された当時、もともとはスラブ人の定住地にすぎないこの村落が、のちにプロイセン国家の首都として巨大都市に発展していくとは、だれも想像できなかったであろう。

後者はオストマルク(Ostmark)つまり「東の辺境領」であり、のちにこれはエスターライヒ(Österreich)すなわち「東の帝国」となる。のちにこの発音がつまって「オーストリア」となる。「東の帝国」とはいえ、ここはフランクの故地ラインラントから見ると、東南方向に位置している。距離的にはブランデンブルクよりは遠いドナウ川沿いの地域である。

東方と東南方向に発展の道が開けていたことは、そこが東からのアジア系異民族の通り道となりうる可能性をもっていた。じじつ、フン族、マジャール族、モンゴル族はここを駆け抜けて西ヨーロッパに侵入した。それもあって辺境国家は構造上、国防を最優先させた軍事国家とならなければならなかった。この軍事力のおかげでドイツの国家は安泰であった。ブランデンブルク辺境伯領と「東の帝国」＝神聖ローマ帝国が永続した理由、そしてこの両国がドイツ国家統一の大事業において最後までリードできた理由はここにある。

こうして、フランクの故地ラインラントが封建的な割拠状態を深めていくのと対照的に、プロイセンとオーストリアはドイツ国家の再統合運動の中核となっていく。だが、「両雄相並び立たず」で、両国は宿命的なライバルとして数世紀もの間、主導権を競いあう。一進一退を繰り返しながら、最終的に一八六六年の普墺戦争を勝ち抜いたプロイセンがドイツ国家建設のヘゲモニーを確立するにいたる。

こうして「ドイツ帝国」は成った。だが、これでハッピーエンドとはならない。この「ドイツ帝国」から排除されたオーストリアをどうするかの問題が残ったのだ。オーストリアはしばらくの間、「帝国」の同盟国として残り、両国は協力し第一次大戦を戦い抜く。そして、ナチス＝ドイツが未完成のドイツ統一の大事業を引き継ぎ、これに最終的な決着をつける。すなわち、ナチス＝ドイツはオーストリアを武力併合したのである。

しかし、武力行使は一度うまくいくと、止まるところを知らないのがつねであり、ナチス＝ドイツは周辺のドイツ人居住地域のことごとくを併呑していく。その結果が隣接諸国との戦争であり、究極的に列強を巻き込んでの第二次大戦であった。ドイツ人が未曾有の大破局を味わうのは、積極的攻勢に出てからほんの数年後のことだった。

戦後、それまでドイツ人支配下にあったスラブ人居住地は一斉に独立を企て、逆に力づくでドイツ人の放逐に取りかかる。そのため、土地も財産も失って追放されたドイツ人は実に一五〇〇万人を数えた。皮肉な言い方を許されるならば、これこそ真の「ゲルマン大移動」と言えまいか。

第3節　シャルルマーニュの帝冠

ドイツとフランスが同じ母体から生まれた兄弟国家であることは前に述べた。独仏両国の対立の根はそのときの事情に由来する。「同じ母体」とはカロリング朝フランク王国(七五一～八四三年)を指す。ドイツとフランスはどんなにいがみあっているときでも、自国がフランク王国から発し、その国王シャルルマーニュ(在位七六八～八一四年)を建国の祖として仰ぎみるという点では共通する。

「シャルルマーニュ」はフランス名であり、ドイツ名では「カール・デア・グローセ」と言う。「シャルル」と「カール」が名、「マーニュ」と「デア・グローセ」はともに「大帝」という意味である。本書では「シャルルマーニュ」で統一する。カロリング朝の二代目国王の彼はまさしく「大帝」と呼ばれるにふさわしい治績を残し、今日なお影響力を及ぼしている人物である。西ローマ帝国が崩壊してのちナポレオンが登場するまで、西ヨーロッパに存在した国家のなかで、シャルルマーニュ帝国以上の版図を誇るものはない。この帝国は短命に終わったが、その栄光の思い出は長く残ることになった。シャルルマーニュは「ヨーロッパの父」または「ヨーロッパの首長」と呼ばれ、EU問題が浮上するたびに思い出される象徴的な人物である。しばしば指摘されることだが、一九五一年四月、EUの前身「欧州石炭鉄鋼共同体」(ECSC)が発足したとき、これに加盟した六か国とシャルルマーニュ帝国の版図との間に著しい近似性がある。

このシャルルマーニュは紀元八〇〇年のクリスマスの日、教皇レオ三世より西ローマ帝国の皇帝として戴冠された。この戴冠式の意義は歴史的にみて非常に大きい。それは以下の四点に要約できるが、そのいずれもがのちの独仏対立の要因と深い関係をもつ。

第一は、この戴冠によって「西ローマ帝国」が再興されたことである。シャルルマーニュ帝国は、その成立由来からいっても、その政治制度からいっても、実

シャルルマーニュ

際の西ローマ帝国にほとんど似ていない。それでもなお「再興」の意義は大きい。これがヨーロッパの成立を告げる出来事であるからである。新帝国はラテン語とローマ法という古代の文化遺産をそっくり受け継ぐことになった*。

帝都アーヘンはライン川とマース川に挟まれたラインラントに位置する。古代ローマ文化の北限はこの辺りまでである。この事実と、さらに時代が進んでここが独仏の係争地となった事実とは、独仏の素地の差を考えるうえできわめて重要である。

第二に、ローマ教皇による戴冠は、これによって誕生した皇帝がキリスト教の保護者であることを象徴する。これは俗権と聖権の相互的依存と競合という二重の関係を生じせしめた。中世ヨーロッパ史を貫く厄介な問題の根源はここに発する。教皇から聖別されない国王は国王たりえないし、国王の

＊シャルルマーニュ自身は読み書きできなかったが、無骨な武人ではなく、文芸に理解のある英明君主であった。同王は首都アーヘンに宮廷学校と教会学校を設立し、わざわざアイルランドから名僧の聞え高いアルクィン（七三五〜八〇四年）を招聘し、貴人の教育に当たらせた。ラテン語テキスト、用語スタイル、文字形式の古典的タイプが復活し、これがのちに中世ヨーロッパの国際語として用いられることになった。アルファベットの小文字が発明されたのもこのときである。王が創設した図書館は多数の古典古代の作品を収めた。キリスト教や異教徒の伝承物語に関する史料は可能な限り収集された。

人はこの文芸復興を指して「九世紀のルネサンス」または「カロリング＝ルネサンス」と呼ぶ。このように、アーヘンは政治の中心であるだけでなく文化の中心でもあった。イタリア＝ルネサンスよりも数百年も前に北西ヨーロッパの〝僻地〟でルネサンスの先駆けが花開いていたのである。

加護を受けない教皇はいつなんどき聖座から追放されるかしれなかった。また、力を伸ばした国王はともすれば教皇の縛りを脱しようとし、それどころか教皇を配下に従えようとさえする。教皇の側もつねづね俗権にたいする聖権の優越を唱え、反抗的な国王には破門でもって脅そうとする。これは後述するように、独仏の対立を煽り立て、抗争を激化させる方向に作用した。すなわち、独仏両王のどちらが教皇の保護者となるか、また、邪魔な教皇はどのようにして排除するか。

三番目の意義はシャルルマーニュ帝国とゲルマン民族の関係にある。シャルルマーニュは西ローマ皇帝を名乗ったが、王座への就き方はローマの伝統とは無関係に古ゲルマン(大移動前のゲルマン人社会)の慣行に従った。ゲルマン人は王を選ぶに当たって世襲ではなく選挙に拠った。シャルルマーニュはたしかに先代王ピピンの長子ではあるが、フランク族の有力者から推挙されて王位に就いたのである。彼はまた、この同じゲルマンの慣行に従った結果、生前中に自分の後継者を指名できなかったのである。

王制＝世襲制という現代の常識からみると、このフランクの選挙制は奇妙に映るかもしれない。実を言うと、世襲王制は西ヨーロッパでずっとのちに(一九世紀に)確立した制度、言うならば〝近代的な〟法制である。中世ヨーロッパではどこでも選挙制が行われていた。ベーメン、ハンガリー、ポーランドでも国王は部族の有力者に推挙されて王座に就いた。因みに、このことが国権の永続的な分散に連なり、これらの国は次々と亡国の悲哀を味わうのである。

さらに、フランク族の王は一人だけとは限らなかった。フランク族は兄弟の連帯による共同統治という慣行をもっていた。シャルルマーニュ自身、しばらくは弟と一緒に統治した。シャルルマーニュの死後、その子ルイ一世のみは単独で全土を統治する。その後、王国はまたもやルイの三人の子によって共同統治されたが、広大な帝国においてこれを行うことは実際問題として不可能であった。そこで帝国は東・中・西フランク王国に三分された。これらがのちのドイツ、フランス、イタリア、ベネルクスの起源となる。

シャルルマーニュが西ローマ皇帝になった四番目の意義は、これをもって西ヨーロッパが東ローマ帝国から自立への道を歩み始めたことにある。つまり、ヨーロッパが東西に分裂し始めたことである。シャルルマーニュの帝冠はその長い過程の始まりを告げる出来事であって、西ヨーロッパの自立までになお数世紀を要した。

今まで西ローマ帝国の再興についてのみ焦点を合わせ、東ローマ帝国(ビザンツ帝国とも言う)についてはふれなかった。西ローマ帝国がゲルマン人の侵入により滅亡し(四七六年)、その旧版図が混沌状態に陥ったのにたいし、東ローマ帝国はこの間ずっと健在であり、この国こそローマ帝国の正真正銘の正統継承国である。

ローマ人はゲルマン人を未開の蛮族と見なしてきた。いっぽう、ゲルマン人は文化的な劣等感を自覚していたため、ローマ文化を積極的に採り入れ同化につとめる。シャルルマーニュの「カロリング

＝ルネサンス」はこうした努力の顕れとみることができる。しかし、西帝国の東帝国へのコンプレックスはずっとつづく。それが完全に払拭されるには一三世紀のルネサンス期を待たねばならなかった。

こうしたなかでローマ教皇レオ三世がシャルルマーニュに帝冠を授けたことはビザンチン総主教の神経を逆撫でした。これでもって東西両教会のひび割れは決定的なものとなる。ローマのほうが広い範囲に信徒をもち、しかもその勢力は日々広がりつつあったから、ビザンチンの焦りは募る一方であった。これが八世紀と九世紀における二度の「画像崇拝論争」を惹き起こすのだ。そして一〇五四年の第三次論争で互いに相手を破門することにより、ついに最終的な分裂となる。

その直後、トルコ人による聖地イェルサレムの制圧という事件が発生し、それを奪還するために十字軍遠征が企てられる。ビザンチン総主教が申し入れ、ローマ教皇がこれに応えるというかたちで遠征計画がまとまった。そのときの合意条件は東西両教会の再統合であった。しかし、この遠征がうまく運ばなかったこともあり、この目的はついに達成されずじまいに終わった。

一二九一年、中東におけるキリスト教徒の最後の砦アッコンが陥落し、ここに十字軍の冒険は失敗に終わる。これは東西ヨーロッパの力関係を逆転させることになった。ビザンツ帝国はセルジュク＝トルコによって、つづいてはオスマン＝トルコによって小アジアから押し出されたばかりか、バルカン半島でも次々と領地を奪われて孤立するにいたる。

そしてついに一四五三年、イスラム勢力の最後の一撃を受けて、一千年もの間、西ヨーロッパの防波堤の役目を果たしてきたこの古い帝国が崩壊したとき、西ヨーロッパはイスラム勢力からの圧迫を直接受けるようになった。西ヨーロッパは否応なしに独立独歩の道を歩まねばならなくなる。これは試練であった。ことに、内陸から遠く離れイタリア半島の中部に陣取る教皇庁は風前の灯の状態に置かれた。教皇ピウス二世（在位一四五八～六四年）は「余は地平線上に何ひとつ好い兆候を見ない」と嘆く。今や教皇の頼みの綱は俗権のみとなった。フランス王は頼れるであろうか、神聖ローマ皇帝はどうか。――前者はかなり期待できそうだ。問題は後者のほうである。

東ローマ帝国の滅亡によりイスラム勢力と直接境を接するにいたった神聖ローマ帝国は自国防衛と全キリスト世界の防衛という二重の責務を負わされることになった。すでに衰退の道まっしぐらのこの老帝国にとって、これはあまりに重い負担であった。おまけに信仰上の〝盟友〟であるはずのフランスはこの隣国の窮地を尻目に、公然たる裏切り行為をはたらくのである。この話は後段に譲ることにしよう。

第４節　独仏の生地の差

１　地域差の根源

ヨーロッパの成立は古ゲルマンの要素、ローマ文化、キリスト教という三要素の融合に始まると言われる。これを最初に実現したのが、ほかならぬシャルルマーニュその人である。彼が「ヨーロッパの父」と称される所以はここにある。それらの要素の融合は西ヨーロッパにおいて多様なかたちで展開する。

前章でみたように、キリスト教(ローマ＝カトリック教会)は西ヨーロッパに広がり、住民を精神的、文化的に統合する役割を演じた。とはいえ、その浸透の度合いにおいて地域差があるのは否めない。まず、結果(現代における信徒の配置図)から見てみよう。ヨーロッパの南部がローマ＝カトリック教一色であるのにたいし、中部がまだら、北上するにつれてプロテスタントの度合いが強くなる。これについては、布教の歴史を考えると理解しやすい。すなわち、南欧に本拠地をもつローマ＝カトリック教は徐々に北に向かって広がる。遅れてカトリック圏内に入った北欧は、その教義が社会の隅々まで行き届く間もなく、宗教改革の大波を被りプロテスタント化していく……。

この地域差を誘導したのは、前掲三要素のうちの残りの二要素、古ゲルマンとローマ文化の当該地域への影響度——ゲルマン世界か、ラテン世界か——である。ローマ＝カトリック教は伝統的にラテン語を使用することから、ロマンス語圏と重なりあう。プロテスタントはゲルマン語圏のみに根を張るが、同じゲルマン語圏でもカトリック教のままに残った地域がある。

フランスは言語も宗教もカトリック＝ラテン世界に属する。ドイツでは著しい分裂がみられた。プロイセン＝ブランデンブルクはプロテスタント＝ゲルマン世界に属したのにたいし、バイエルンとオーストリアはカトリック圏として残る。フランスの早期の国家統一およびドイツの長期の分裂状態と、それぞれの地域に根を張った宗教との間には何らか関係があると推定できよう。

バイエルンとオーストリアは、かつての古代ローマ世界の境界線がこの付近を走っていたため、ローマ文化から強い影響を受けたと見なすことができる。同じく古代ローマの境界線上にあってローマ文化の影響を受けたライン左岸も、ドイツに属しながらカトリック圏として残ることになった。ローマ文化の影響を受けたか否かはその後の歴史に大きな影を落としている。

以上要するに、ドイツとフランスはもともとの生地の差をもっている。その差異の根源は古ゲルマン文化とローマ文化の二要素の地域への浸透のうちにあると推定され、このことは独仏関係とその抗争の複雑さを考えるうえで重要な手掛かりを与える。

まず最初に、これら二つの要素の特徴をキーワードを使って要約しておこう。

古ゲルマン文化は狩猟・牧畜社会、共同所有権、物々交換、血縁的社会、従士制、限嗣相続、自然神崇拝などを基本的特徴とする。

ローマ文化は農耕社会、私的所有権、貨幣交換社会、地縁的社会、クリエント制(親分・子分関係)、平等相続、多神崇拝などを特徴とする。しかも、古代ローマは一時期、共和制を経験したことがあり、また、支配階級としての自由人は都市に居住していた。

以上のことから、農村の血縁集落を中心とした団体主義的、家父長的、権威主義的伝統の強いドイツと、都市の地縁社会を中心とした個人主義的、平等主義的、共和主義的伝統の強いフランスとの対照と言うことができよう。

古ゲルマン的要素とローマ的要素がキリスト教という触媒でもって融合させられ、シャルルマーニュ帝国に結実する。しかし、いくら混交を試みても元の生地の差は残るものである。果たしてフランク王国はシャルルマーニュの死後二〇年ほどして分裂する。八四三年のヴェルダン条約で、まず東・西・中フランクの三国に分裂し、つづいて

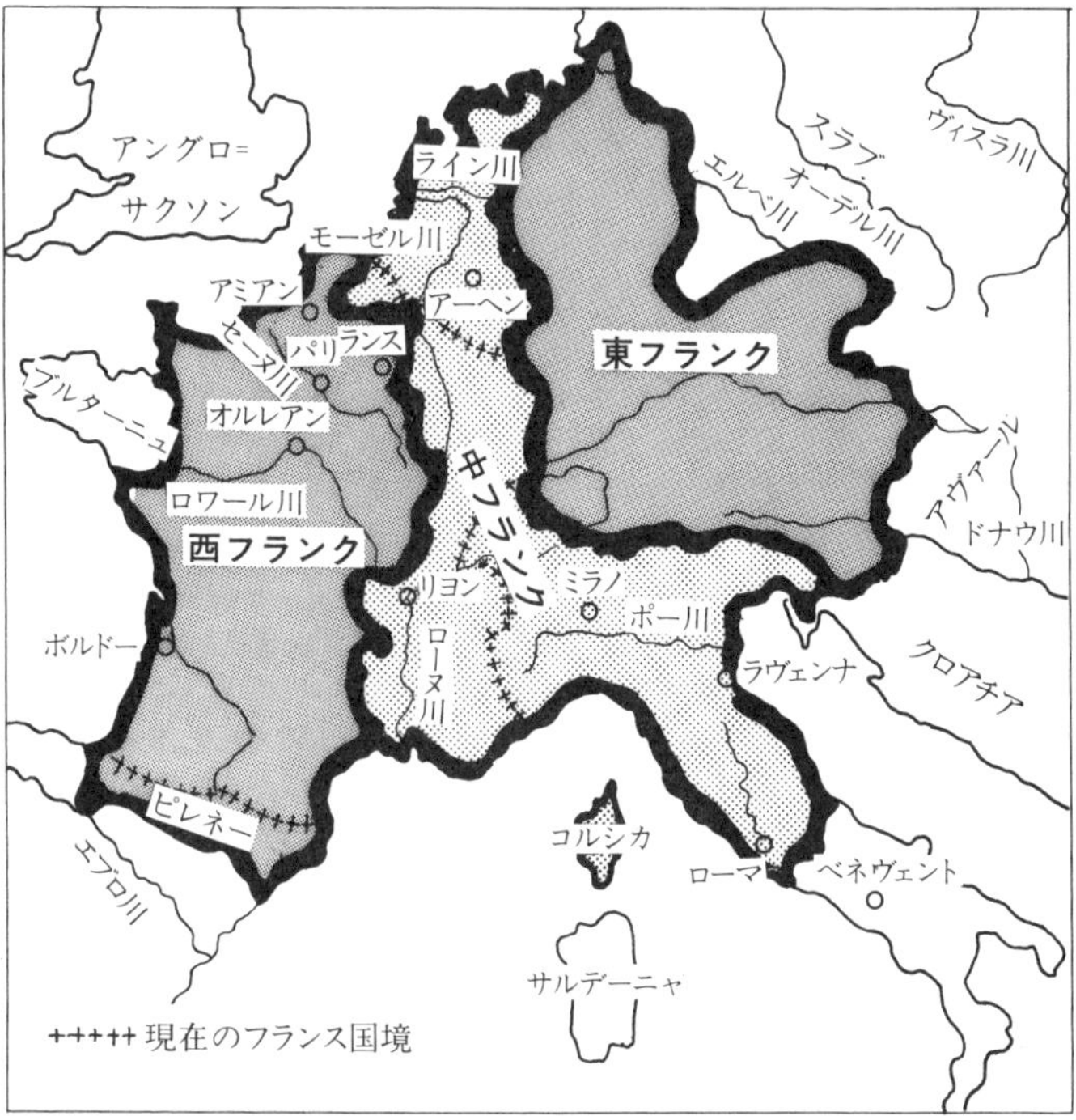

フランク王国の分割（ヴェルダン条約）

八七〇年のメルセン条約で、東フランクが中フランクを併合することによって東・西フランクの二国になる。これがそれぞれ独・仏の原型国家となるのである。この分裂は当初、一時的なものでいずれ国は再統一に向かうとみられていたが、結果的に分裂は恒久的なものになる。言うまでもなく、生地の差が再統合を妨げたのである。

2　フランスの世襲王制

まず、西フランクから述べよう。この国は封建制の宿命としてまもなく政治的分散状態に陥る。しかし、フランクの最終分裂からおよそ百年後の九八七年、ユーグ・カペーによってフランス王国が誕生したが、以後、この国は封建制を軸に徐々に隣接諸邦を回収していく。武器となったのが王位の長子世襲相続制であった。

もともとフランクの家系のなかでは東フランクが直系であるのに対し、西フランクは傍系にすぎなかった。国の位置づけもそれと同じであり、カペー王家に支配権が移ったのちも、フランス王国は東の〝本国〟にたいして引け目を感じ、これにいつか呑み込まれるのではないかという恐怖をもちつづける。ユーグ・カペーが建国したときには、すでに東の〝本国〟は神聖ローマ帝国となっていた。この優劣関係はフランス王国と神聖ローマ帝国となっても、そのまま引き継がれていく。フランス王国が隣国にたいしてもつコンプレックスは、両者の力関係が逆転する一三世紀までつづくことになる。

カペー家の歴代国王は世襲王制の確立のためにずいぶん苦労する。カペー朝につづくヴァロア朝――カペー家に嗣子がなかったために、王国基本法に基づきカペー家傍系のヴァロア家に王位が移動――も同様であった。王座に就くためには、王位候補者はランスの大司教の主宰する聖別式で叙階という手続きを踏まねばならなかった*。もし大司教が拒否でもすれば、王位は諦めねばならないのだ。しかし、ローマ教皇はいつも叙階には応じた。教皇は神聖ローマ皇帝と恒常的に争っていたため、フランス王の庇護を要したからである。

一二二三年に王座に就いたルイ八世は、この聖別式に拠らないで国王となった最初の国王である。これは、王権が強大となって、もはや教会の精神的権威を借りる必要のなくなったことを物語る事件であった。以後、フランスの歴代諸王はこの世襲原則に基づいて王座に就く。この原則がフランス王権の強大化を約束するところとなる。

だが、フランス王制にも弱点がないわけではない。王位継承の原則を定める「王国基本法」によれば、王位資格は先代国王の嫡男でカトリック教徒であること、先代に世継がないばあい王位は直近の傍系

＊ランス(Reims)はパリの北北東九〇キロメートルのところに位置する町。ここの大司教はカトリック教会のなかでもきわめて格が高かった。フランスの歴代諸王はここで叙階される習わしがあった。ここで最初に聖別式を行ったのはフランク王国の始祖クローヴィスである。

王統に移ることになっていた。直系王統が絶えたとき、これらの条件がときどき紛争の種となる。フランス王制のもう一つの弱点は、世継が幼児であるときに生じた。幼王には摂政を置かねばならない慣行があり、この摂政が政務の実権をふるうとき、しばしば内紛が生起した＊。これがフランスの急所である。だが、歴代諸王はその際、巧妙に解決を図ったため、騒動が鎮まると、かえって王権は強くなった。

3　ドイツの選挙王制

弱小国家としてスタートした西フランク(フランス)がしだいに勢威を強めていくのと対照的に、フランク正統国家の東フランク(ドイツ)は時とともに国運を傾けさせていく。皮肉なことに、フランスの絶頂期がドイツのどん底の時期に当たる。すなわち、ルイ十三世とルイ十四世が征服戦争を通じて国土を広げたとき、ドイツはその犠牲となって国土を削り取られた(アルザスの併合)ばかりか、文字どおり八つ裂き状態に陥った。このように、兄弟国家の命運を分ける要因となったのはいったい何なのか。

＊以下に内紛の実例を列挙しておこう。シャルル六世治下のエティエンヌ・マルセルの乱(一三八二～八三年)、ルイ十三世治下のプロテスタント蜂起(一六一〇～二〇年代)、ルイ十四世治下のフロンドの乱(一六四八～五三年)、ルイ十五世治下の宮廷内紛(一七一〇～二〇年代)。

ドイツ弱体化の要因は三つある。つまり、第一は前述の古ゲルマン的伝統の影響、第二はドイツの地政学上の位置、第三はドイツの歴代諸王(皇帝)が教皇との間に結んだ関係である。以下、これらを簡単にみていこう。

シャルルマーニュの孫で東フランク王ルトヴィヒ二世(八四三〜七六年)が死去すると、その息子カール三世(八七六〜八七年)が即位した。しかし、彼があまりに凡庸であったため、トリブールに集まった諸侯会議はこの王を廃位し、カールの甥アルヌルフ(八八七〜九九年)を擁立する。ここで部族の有力者の集会が国王を選ぶという古ゲルマンの慣行が機能したのである。

選挙で選ばれた国王は有力者の協力なしに統治するのは困難である。アルヌルフの死後、その息子で七歳のルトヴィヒ四世が王位に就くが(九〇〇〜一一年)、彼が世継なく夭折したため、ここにカロリング家は断絶した。そこで部族の諸侯会議は別家系のコンラッド一世(九一一〜一八年)を擁立した。ここに真の〝ドイツの歴史〟が始まる。すなわち、それまでは王の選挙のとき、フランクの諸侯会議は西フランク王家と協議していたのだが、初めてこれを無視し国王を擁立したのである。

折りしも東方からのアジア系マジャール人の侵攻が激しく、これを防ぎきれなかった東フランク国王は信頼を失う。無力な王権に代わり、侵入地帯の防衛に当たる辺境伯と言われる地方豪族の力が強くなった。名ばかりの存在の国王が選挙制に従ったのにたいし、この地方豪族は領地と爵位を子に世襲した。これを「部族公爵制」(Herzogtum)と言う。つまり、上部が弱く下部が強い構造をもつドイツの封建制は国権の基礎として不十分であり、政治的分散化の芽を最初から胚胎していた。こうして、空洞化していく王権とは対照的に、頼りがいのある辺境国家が物心両面でドイツ人の支えとなっていく。古ゲルマンの伝統に基づく国王の選挙制は、ドイツ国家弱体化の第三の要因としての皇帝＝教皇の関係に結びつく。

選挙王制という自らの脆弱な基盤を補うために、国王が手を出したのが「帝国教会制」と言われる制度である。有り体に言えば、これは俗権による聖権への干渉である。この制度はオットー一世（在位九三六〜七三年、神聖ローマ皇帝としては九六二〜七三年）によって推進された。オットーは教会組織のうち大司教・司教・大修道院長を世俗の封建関係から切り離し、彼らを皇帝直属の封臣とした*。

これは国王にとって世俗領主を牽制するうえで有利に作用するが、反面、厄介な点もあった。つまり、教会組織を国王の忠実な支持者に止めおくためには、国王が高位聖職者の叙任権をもつことが不可欠である。そうなれば、聖権の最高権力者たるローマ教皇と正面衝突することは避けられない。むろん、そこにいたるまでの道のりは長かった。当初、皇帝と教皇は領土拡張とキリスト教の布教とい

＊「帝国教会制」が神聖ローマ皇帝にとって好都合であったのは次の理由による。①妻帯を禁止されていた聖職者は子どもをもたず、したがって領地世襲の心配がなかった。②法的素養をもつ聖職者は能吏（とくに文書管理者として）になりえた。③教会は全国組織であって、聖職者に全国的視野での行動を期待できた。④聖職者と提携していれば、皇帝のライバルたる世俗領主を牽制できた。

う目的で利害が一致しており、互いに協力しあったからである。しかし、一一世紀に入って、両者の対立は表面化した。

一〇七三年、修道士出身のグレゴリウス七世(在位一〇七三～八五年)は教皇に選ばれて、腐敗した教会組織の大改革に着手した。その手始めが綱紀粛正であり、聖職売買と聖職者の私婚を全面禁止した。そして、聖職者の任免権は教皇に帰属することを高らかに宣言した。

当時の神聖ローマ皇帝ハインリヒ四世(一〇五六～一一〇六年)がこれに怒り狂ったのは当然と言えよう。なぜなら、国土の半分は教会領であり、自らの聖職者任命の行為を〝聖職売買〟呼ばわりされたうえ、皇帝は息のかかった聖職者もろとも破門されたからである。ここに、世に有名な「叙任権闘争」の幕が切って落とされた。

このとき皇帝が頼みとしたのは帝国内の諸侯である。あにはからんや、前々から独立の機会を窺っていた諸侯たちはこのときとばかり、皇帝の命令を無視しただけでなく、公然と教皇の肩をもった。皇帝は完全に状況判断を誤ったわけであり、全面降伏するよりほかなかった。ハインリヒは当時、グレゴリウスが滞在していたカノッサの城門前で降雪下の三日間を素足で立ち尽くし、教皇に許しを乞う。皇帝はようやく許されて破門を解かれた。「カノッサの屈辱」(一〇七七年)と言われる事件がこれである。

その後もそれぞれの後継者の間で繰りひろげられた聖俗の争いは一一二二年のヴォルムスの和議で

ひとまず終結する。これにより聖職者の叙任権はすべて教皇がもつことが公式に確認された。〝神聖な〟覆いの剥がされた皇帝は世俗権力のひとつにすぎないことが明らかになった。こうしてドイツでは諸侯の独立化傾向がますます進むことになった。

第2章　独仏の命運

第1節　分裂状態を望むドイツ人

1　分権と集権

ドイツの分裂状態に神聖ローマ帝国の憲制構造が関与していたこと、そして、そのライバルとしてのフランス王国とローマ教皇が分裂を助長したことについてはこれまで述べてきたとおりである。さらに検討すべき問題がある。政治単位というものは一般に膨脹する傾向にあり、また、国家はつねに集権をめざすものだと考えてよいのだろうか。

この命題が半真理であることは自明である。政治単位の膨脹や国家の集権化というものを自然の理としては考えにくい。ある諸集団がまとまって権限を一人の首長に預け、集団としての結束力を強めていくか、それとも小さな政治単位のままにとどまるかは、まさしく状況次第である。どの社会も分権的になるときもあれば、集権的となるときもある。

歴史のなかにその実例を求めることはさほど困難ではない、まず身近なところで、わが国の歴史を思い浮かべてみよう。わが国は一五世紀後半から一七世紀初めにかけて戦国時代の混沌状態と徳川幕府の安定政治の両極端を経験したが、それらはまさに分権と集権の典例と言えよう。

ドイツ史とフランス史にもそうした事例を求めることができる。九〜一〇世紀のフランス、一三〜一八世紀のドイツがまさしく政治的分散の極致であった。反対に、一七世紀以降のフランス、一九世紀以降のドイツがともに高度の集権化を経験した。両国はそれぞれ分権から集権へと歩みを進めていくのであるが、その歩調は、遅れてきたドイツのほうがはるかに急速であった。

このように、分権か集権かは当該国家を囲む状況による。一般に、前者は永続する平和と関連し、後者は異民族侵入のような厳しい環境と関連すると考えてよいだろう。集権政治は個人や社会にとって拘束ないし強制にほかならず、その意味で必要悪であるため、平和の到来とともに集団的紐帯は緩む方向に向かう。

ドイツの政治的分散の問題にたち戻ろう。前述のように、その政治的分散は国権の弱体すなわち皇帝選挙制に起因する。神聖ローマ帝国の歴代王朝のなかで、一二九八年に最初の皇帝を送り出して以来、もっとも長期にわたり支配し、最多の皇帝を輩出したハプスブルク家すらも、最後まで、すなわちナポレオンによって帝国が消滅する(一八〇六年)まで、帝権の世襲化には成功しなかったのである。

ドイツで分権化への道を歩んでいたのは帝国の中核部分だけではない。ライン川流域の諸都市やバルト海沿いの諸都市もそうであった。

ライン諸都市は西フランクと同様、ローマ帝国の支配下に組み入れられた経緯もあり、住民は共和主義・個人主義・自由主義に傾倒していた。この地域の政治風土はむしろ隣国のフランスに似ている。彼らは、宗教改革の嵐が吹き荒れたときでも、プロテスタントを受け入れずカトリックにとどまった。また、一七九二年一〇月、フランス革命軍が自由・平等・友愛のスローガンとともに進軍してきたとき、ライン河畔都市の住民はほとんど無抵抗でこれを迎え入れる。革命に感激しジャコバン党を組織する市民さえ現れるほどであった。

一八一五年にナポレオンが最終的に没落しドイツの戦後処理問題が生じたとき、ウィーン会議はライン河畔の自由都市をプロイセン領に編入してしまう。新興国プロイセンは軍国主義と国王大権の国家であって、国家の成り立ちがこれら自由都市とは正反対である。この思いがけない合併に当惑したのはこれらの都市の市民だけではない、プロイセン国家もそうであった。のちにビスマルクが、台頭してきた国内自由主義勢力の要求に頭を痛める種はこのとき蒔かれたのだ。水と油を混ぜるようなかたちの併合――こうした政治的配慮は当然ながら、プロイセン国家の台頭を牽制するために、諸外国とくにオーストリアとイギリスによって企てられたのである。

バルト海沿岸の諸都市は、ドイツ人が一一世紀初以来、商業根拠地として築いたものである。彼らは都市間に同盟(ハンザ同盟)を結成する。それは単なる同盟にとどまらず、共通の貨幣度量衡・商業裁判権・議会・軍隊・外交権を保持した一つの連合国家である。商人にとっては通商の安全こそが至上命令であり、その限りで領邦国家の加護を求めたが、反対に増税・規制・商事介入は嫌う。この同盟が通商権をめぐって一三五八年にフランドル公と、そして一三六八年にはデンマーク王国と本物の戦争を行い勝利をおさめ、妨害の排除に成功する。

ドイツの分権化はさらに内陸部の都市にまで波及する。市民は領邦の運命にはあまり関心をもたなかった。彼らはもっと狭い、それぞれの地域社会に愛着を感じていた。ドレスデンやライプチッヒの市民はザクセン公領にではなく、ドレスデンやライプチッヒの町に誇りをもっていたのであり、ハイデルベルクの市民はパラティナ侯領にではなく、ハイデルベルクの町そのものに愛着を感じたのであった。

要するに、ドイツにおいて君侯、公爵、城主、ライン伯らの大小の領主、聖職諸侯、商人、ハンザ同盟、自由都市、自由農民――言うならばドイツを構成するすべての要素が自治を求めていたのである。ドイツの諸勢力は大権に服して自由を失うよりは、小国であっても独立の主権者であることのほうを好む。これらの自治の原則はなお今日のスイスに痕跡をとどめている。

こうしたドイツ人の近代以前の傾向と一九世紀以後の顕著な団体主義ないし強権主義の傾向とを比較するとき、両者が同じ民族のものとはとうてい思えないほどである。この変身を説明するのに、突発的な群衆心理をもち出すのは説得力に乏しい。それは、ドイツの古い制度と内外政治の相互作用を考察することによってのみ理解できよう。

プロイセンによる国家統一までのドイツの歴史は権威主義と民主主義の、王制と共和制の、集権主義と分権主義の、大国と小国の、外国勢力と国内勢力の間の永続的な闘争の歴史であった。

2　史上最小の選挙区

選挙で選ばれるドイツ皇帝は名ばかりの権威しかもたなかった。選挙のたびに取引きと譲歩が行われた結果、その権威はますます弱くなっていく。選挙は有権者にとって非常に〝実入り〟の多い事業であり、取引きであった。しかも、有権者の数が少なく一票の重みが増せば増すほど、選挙は商業的取引きの性格を強めていく。ドイツでは投票権をもつ諸侯(選帝侯)は選挙から何らかの政治的、物的利得を引き出そうとつとめた。それゆえ選帝侯であること自体が特権であり、それを何としても保持しようとする。選挙権をもたない諸侯らは陰謀をめぐらし、選帝侯に取って代わろうとさえする。

選挙では、もっとも傑出した能力をもつ者が選ばれるわけではない。〝御輿〟というものは担ぎ手にとって軽いほうが楽に決まっている。もしまちがって有能な皇帝を選んで彼が専制君主にでもなろうものなら、自由と自治はたちまち失われてしまう。こうして実際の当選者は〝信頼のおける〟家系に限られることになった。この名門家系が帝位を失うまいとして、策略・姦計・譲歩の限りを尽くしたことは言うまでもない。

かくて、選挙人も被選挙人も固定化していく。ドイツでは選挙人は七人しかいなかった。これを七選帝侯と言う。まさしく史上最小の選挙区である。選挙人が少ないことは不正の少なさに直結せず、むしろ不正はやりやすかった。買収は容易で、選挙はいつも貪欲と打算のぶつかり合いの場となる。投票用紙はしばしば換金の対象となったし、そうでないばあいには駆け引きが横行した。これは古今東西を問わず、選挙制度一般がもつ宿命的な弊害である。

選挙における駆引・不正・買収が何であれ、重要なのは、それがドイツの歴史にどのような影響を与えたかである。皇帝選挙制は良く言えば自由と自治の、悪く言えば無政府状態の温床となった。この制度は平和で豊かな時代には何ら問題はないが、外敵侵入などで力の集中が必要なときには最悪の結果をもたらすのだ。

第2節　独仏の力関係の逆転——ブヴィーヌの決戦

この点でフランスの歴代国王は恵まれていた。なぜなら、彼らは早くから世襲王制を確立し権力基盤を固めることができたからだ。彼らはドイツ皇帝の敵対勢力を味方につける術を知っていた。いっぽう、ドイツ皇帝と犬猿の仲にある教皇は前々からフランス国王に共闘を申し入れていた。この利害関係はすぐに思想の共有関係に発展していく。「ドイツ問題をできるだけ複雑で混乱した状態に放置しておけ」――これがフランス国王と教皇の合言葉となる。この格言はすでに仏王フィリップ威厳王(二世、一一八〇～一二二三年)自身が公式化していた。

フィリップは密かに神聖ローマ皇帝の帝座を狙っていたが、ときの教皇インノケンティウス三世から色よい返事をもらえない。教皇は別の候補者の推薦を考えていたからである。果たして教皇の意中の人が当選し、オットー四世と名乗った。

しかし、オットーは即位するとすぐ、この恩人に反旗を翻し、ことごとく対決する姿勢を打ち出した。かくてパリとローマは結託するにいたる。オットーは破門され、パリとローマの共同の推挙を得て、ホーフェンシュタイン家のフリードリヒが擁立された。

むろんオットーは黙っていない。彼は英王ジョン、ポルトガル王、フランドル伯、ブーローニュ伯を誘って挙兵した。こうして一二一四年七月、英・独・ポ諸国および他諸侯の連合軍とパリ＝ローマ同盟軍との間に戦端が開かれることになった。これは、現在のベルギー国境に近い北仏の戦場の名をとって「ブヴィーヌの戦い」と言われる。フィリップは全臣下に向かって、自分は教皇の擁護者であることを高らかに宣言し、「キリスト教の敵」を挫くことを呼びかける。錦の御旗を得て、ブヴィーヌの

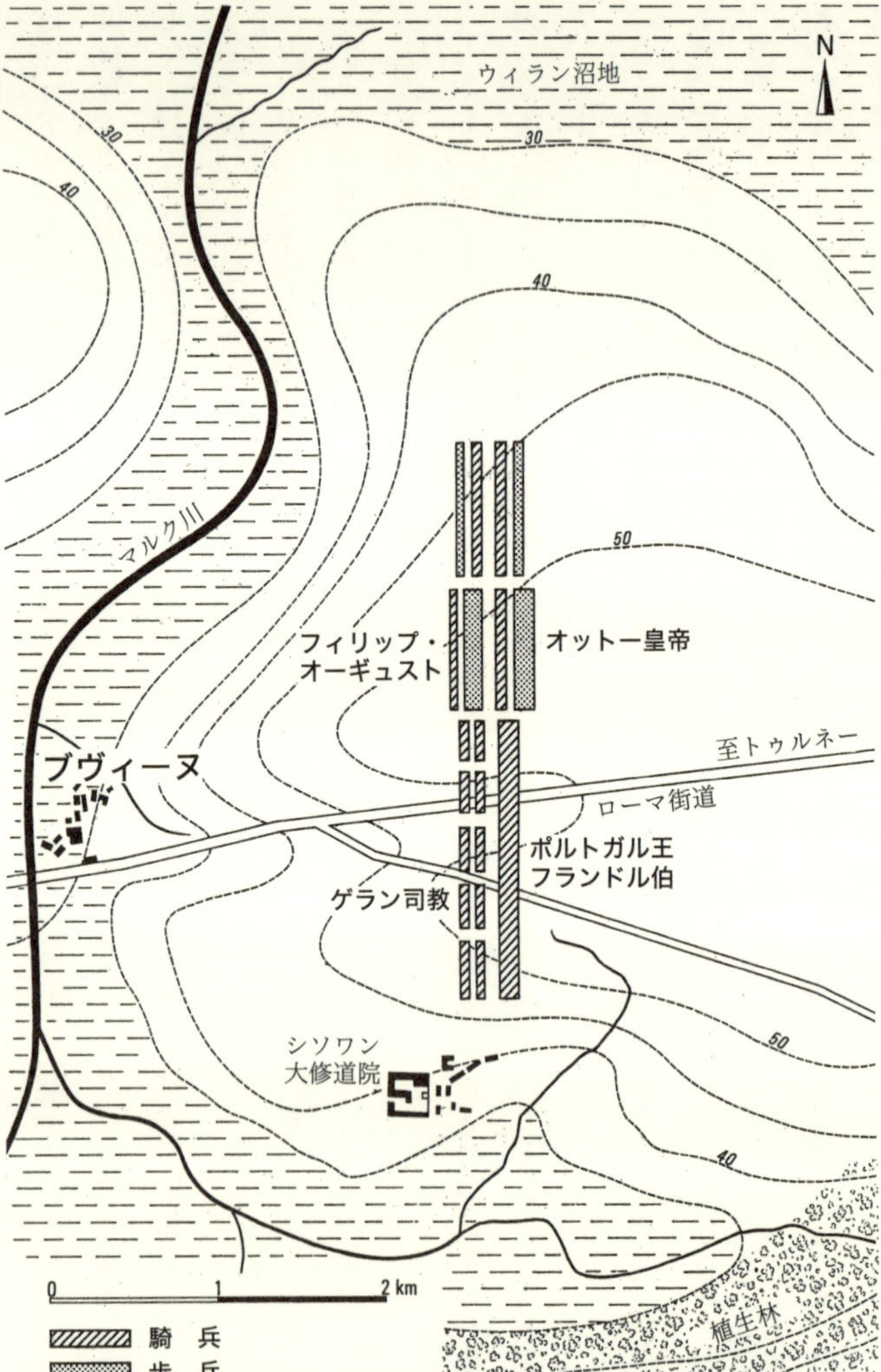

ブヴィーヌの戦いの戦闘配置図（左側が仏王・教皇同盟軍）

出典）Verbruggen (J.F.), *The Art of Warfare in Western Europe during the Middle Ages*, Amsterdam, New York et Oxford, North-Holland Publishing Co., 1976.

戦いはまさしく〝聖戦〟となったのである。

同盟軍は海戦でも陸戦でも連合軍を撃ち破った。ブヴィーヌの勝利者はフランスである。同盟軍とはいえ、教皇は精神的支持を与えただけで、実際に軍隊を動かしたのはフィリップである。つまり、フランス軍が単独で数か国から成る連合軍を撃破したのである。フィリップはフランス人の愛国熱と誇りをくすぐるのにうってつけの人物となり、同王はフランス史において英雄の地位を約束されることになった。

敗者は哀れ、オットーは退位しフリードリヒ(二世、在位一二一五〜五〇年)に帝座を譲るはめになった。英王ジョンは議会から敗戦の責任を問われ、マグナカルタを押しつけられる。

巧妙な外交術が生み出したブヴィーヌの勝利はフランスを解放する。これはまた、フランスがヨーロッパの一大勢力に伸し上がる契機ともなった。パリ＝ローマ枢軸は神聖ローマ帝国の力を殺ぎ取り、ここから「ヨーロッパの均衡」の原則が生まれる。すなわち、パリとローマが連帯している限り、フランスは安泰、そしてヨーロッパは平和ということである。しかし、「逆も真なり」であって、パリとローマが仲違いしたときは、フランスは危殆、そしてヨーロッパは戦争ということを意味するのだ。

パリとローマが抜き差しならぬ不和に陥ることは以後、二度起きた。最初はフランス革命時、二度目は一八六〇年代である。前者では、教会財産を没収されたローマ教皇が諸国に革命フランスへの干渉を使嗾する。かくてヨーロッパ全体を巻き込むところの長期の戦争が始まった。後者では、教皇の要請にもかかわらず教皇領の防衛を怠ったナポレオン三世は内外カトリック派の支持を失い、政治的に孤立するにいたる。それは独仏戦争におけるスダンの大破局の予兆となった。

フランス王と教皇の関係は二度の決裂を除いておしなべて良好であったが、緊張がないわけではない。「ブヴィーヌ」から八〇年後に最初の危機が訪れた。このときフィリップ美男王（四世、在位一二八五～一三一四年）と教皇ボニファティウス八世（在位一二九四～一三〇三年）が対決する。対立要因は両者の向こう気の強い性格にあり、聖職禄の分け前をどう配分するかといった些細な問題をめぐって、両者はついに衝突した。教皇は「大教書」を発表し、自分の要求が容れられないばあいは国王を破門にすると脅した。

教皇の高飛車な態度は当然、俗権の覇者の怒りを誘う。フィリップは一三〇三年、機先を制し挙兵し、ボニファティウスをアナーニの城に閉じ込めた。教皇はショックで憤死した（アナーニ事件）。フィリップ王は教皇庁を南仏のアヴィニョンに移設し、ここにクレメンス五世として傀儡の教皇を据えた。かくて教皇庁がしばらくローマとアヴィニョンに並立することになる。

すでに「カノッサ事件」から二百年余の年月が流れていた。つい三〇年ほど前の一二七〇年には最後の十字軍（第七次十字軍）が失敗していた。教皇権の失墜はもはや決定的になっていたにもかかわらず、教皇が昔と同じように威張りつづけようとしたからアナーニの屈辱事件が起きたのだ。皇帝的なスタイルで権威をもとうとする教皇の主張はもはや考えられないものとなる。

同じころ、神聖ローマ皇帝においても動きがあった。一三五六年、皇帝カール四世は「金印勅書」を発し、今後、皇帝の選出はすべて選挙によること、そして、帝座は教皇による聖別手続きを要しないことを宣言した。カール四世はこう宣言することで、皇帝交替のたびに起こる紛争を予防するとともに、聖権から俗権の独立を保証したつもりであったのだろう。この「金印勅書」の意義はその主張の前段にではなく、後段のほうにある。前段は、事実的慣行を法制化しただけにすぎないが、後段は神聖ローマ皇帝の〝神聖性〟を自らかなぐり捨てることを意味した。それゆえ、カール四世は〝バカな〟皇帝として、いつも小説や芝居のなかで揶揄嘲弄されることになる。

第3節　フランソア一世とカール五世の宿命的対決

一六世紀のヨーロッパは前半と後半で、それぞれ明暗二つの事件を経験する。前半は、スペインとポルトガルの海外進出に代表されるヨーロッパの拡大の時代、その結果としてのヨーロッパ全体を覆う経済的繁栄の時代である。後半は、宗教戦争に代表されるヨーロッパ全体を巻き込む内乱の時代である。これら両極の波乱を通じてヨーロッパの中世はついに幕を閉じるのである。

ヨーロッパの宗教的分裂が進行していく最中に、それとは無関係なかたちで独仏の鞘当てが発生した。ときのフランス王フランソア一世（一五一五〜四七年）と神聖ローマ皇帝カール五世（一五一九〜五六年）の対決がそれである。

ドイツはブヴィーヌの戦い（一二一四年）で弱体化したはずである。そのドイツが一六世紀になって日の出の勢いのフランスに挑戦するからには、何らかの変化が生じていなければならない。じっさい、この三百年間にドイツは力を回復していた。それは征服政策ではなく婚姻政策によってである。ハプスブルク家は計画的に政略結婚を押し進め、家督相続というかたちで急激に勢力を伸ばしていた。

この政略結婚のなかでもっとも重要なのは、皇帝マクシミリアン一世（一四九三〜一五一九年）の孫がスペイン王のフェルディナンドとイサベラの間に生まれた娘ファナと結婚し、その間にカルロスをもうけたことである。このカルロスこそ、のちにスペイン皇帝と神聖ローマ皇帝（カール五世）を兼ね、フランス王フランソア一世に敢然と挑戦する人物である。当時のスペインはイタリアと新大陸に植民地を従える大帝国であった。カルロスはさらに別系統の家督を相続することにより、ブルゴーニュ、ネーデルラントをも支配する。

これをフランス側から見るとどうなるか。その国土はすっぽりハプスブルク家の領土に囲まれたことになる。しかも、この帝国は強力な陸海軍をもち、新大陸から揚がる財宝の山を独占しているのだ。これがフランス王の眼に脅威と映らないはずがない。

フランソア一世は敢然と打って出た。彼はマクシミリアンの死で空位となった神聖ローマ皇帝の選挙戦に出馬する（一五一九年）。むろん、ハプスブルク家も受けて立つ。カルロスは言う。「もしフランス王がドイツ皇帝にでもなろうものなら、ドイツ人は、フランス人がまさにそうであるように隷属状態に陥れられ、王の慰みものになってしまうであろう」、と。

フランソアは反駁する。彼は配下のデュプラ枢機卿に、以下のような興味深い声明を起草させた。

「王は精神・身体・財産にすこぶる恵まれ、若さとたぎるような精気をもち、寛大であり、それゆえ兵士に潤沢に報酬を与え、艱難・冷気・飢餓に耐える力をもっている。……いっぽう［注、スペイン生れのカルロスは］カトリックの王としてその若輩を考慮しなければならないだろう。彼の王国は帝国［注、神聖ローマ帝国］から遠く離れ、それゆえに故国への気遣いと思い入れを捨てきれないであろう。それゆえにスペイン人の風俗と習慣はドイツ人に適合するどころかその正反対である。逆に、フランス国家はほとんどすべての面においてドイツ国家に適合している。」

だが、ドイツの七人の選挙人はカルロスを当選させた。彼らがフランス王を忌避したというよりは、カルロスのほうが気前よく金をばら撒いたからだ。フランソアはこのときに備え、教皇に数々の譲歩(宗教和議)を行って歓心を買っていた。フランソアにとって、このときほどローマ教皇が頼りなく思えたことはない。教皇はこのカトリック王同士の選挙で候補者の一方に肩入れする気になれなかった。また、彼は折りしも進行中の宗教紛争に心を奪われ、そのことで頭が一杯であった。

ともあれ、カルロスの当選によりフランスが脅威に晒されたことは厳然たる事実であり、教皇頼むに足りずとみたフランソアは、こともあろうに、異教徒イスラム勢力のオスマン＝トルコと同盟を結び、神聖ローマ帝国を挟み撃ちにしようとする。この同盟は表向きは協商条約(Capitulation)であるが、内実は軍事同盟である。これは、キリスト教徒が異教徒との間に結んだ初めての同盟である。ここで強調すべきは、信仰の事柄がなおざりにされ、世事優先の施策が罷り通るようになったことである。

しかし、戦争は二〇年以上もつづいたにもかかわらず、雌雄を決することなく、独仏両国を疲弊させるだけに終わった。両国はともに、ちょうどそのころから深刻化し始めた宗教内乱のるつぼのなかに投げ込まれていく。

第4節　宗教戦争

宗教戦争はキリスト教世界を真っ二つに切り裂き、ヨーロッパのいたるところで不幸を撒き散らした。フランスも手痛い打撃を受けたが、ドイツのほうがいっそう深刻であった。ここではカトリック諸邦とプロテスタント諸邦に分裂し、両者は仇敵同士として果てしなく抗争を繰り返すのだ。

教会分裂の芽は昔からあったが、一六世紀を迎えて決定的な段階に突入する。いさかいは教義と礼拝慣行の些細な論争から始まり、やがて「異端者」にたいする拷問と殺戮の恒常化に連なり、終いには領邦間および国家間の戦争に発展していく。カトリックとプロテスタントの激烈な対立は俗権の勢力争いともからんで引き延ばされ、いくたびも再現され、ついに一七世紀のドイツ三十年戦争で頂点に達した。戦場となったドイツでは外国の軍隊がわが物顔に闊歩し、農民と市民を巻き添えにして文字どおりの地獄絵図を描く。そこに追い討ちをかけたのが疫病である。この惨状と大量殺戮は同時代人の心に衝撃を与え、ここから「宗教寛容」の精神が生まれた。一八世紀の啓蒙思想家たちの合言葉になったのがこれである。

宗教で引かれた境界線と国境は一致しなかった。もし一致していれば、すっきりした国家分裂でもってひとつの妥協に達した公算が高い。しかし、信徒の居住地はモザイク模様を描く。このような不一致が紛争を社会の底辺にまでもたらし、民衆の間にも軋轢を生んだ。このことが兄弟信徒を助けるという名目で外国勢力の干渉を招き、ますます解決の出口を塞ぐ。

こうしてドイツ国家の解体は進む。ルターが最初、ドイツの農民反乱を支持しながら、のちに弾圧側に転じたため、混乱はさらに輪をかけた。一五五五年にアウグスブルクに招集された宗教会議でルター派の信仰が容認された(アウグスブルクの和議)が、これは個人レベルではなく、領主レベルでの信仰の自由にすぎなかった。それゆえ、もし領主がプロテスタントであれば、住民も自動的にプロテスタントであることを強制される。そこで、人が信仰の自由を全うしようとすれば、故郷を離れるしかない。裕福な商工業者であればそれも可能かもしれないが、農民にはとうていできない相談であった。

アウグスブルクの宗教和議はドイツの分裂に拍車をかけた。ハプスブルク家はカトリック派を代表する。その結果、同家出身の歴代神聖ローマ皇帝は名目上は君臨しても、もはやプロテスタントに転じた諸国に影響力をもてなくなったのだ。

また、この和議でいっさいが片づいたわけでもなかった。これは一時的な休戦にすぎず、やがて一七世紀を迎えると、スウェーデンやデンマークなどプロテスタント国家の介入を招いて、ドイツは再び宗教戦争のるつぼと化すのである。

フランスはどうか。この国も一時、同じように激しい宗教戦争に巻き込まれ、国家分裂の危機を迎えていた。しかし、国王が適切な処置をしたことにより、辛くもこの窮境を離脱できた。

一五六二年から九八年までの三十数年間、フランスを混乱に陥れたものは明らかに宗教戦争である。カルヴァン派の信徒はユグノーの名のもとに相当の影響力をもっていた。アンリ二世(フランソア一世の子、在位一五四七～五九年)の没後、相次いで王位に就いた息子たちはいずれも幼少であった。実権は母

聖バーソロミューの虐殺　デュボア作　16世紀

后のカトリーヌ・ド・メディシスの手にあった。それを快く思わぬ貴族が反抗したため、カトリーヌは一五六二年、新教徒に信仰の自由を与えることによって彼らを旧教徒と競り合わせようとした。――姑息な策である。フランス史上最大の内乱はこうして始まった。以後、両派は九回激突を繰り返すことになる、イギリスは新教徒を、スペインは旧教徒を支援したため、事態はさらに混迷の度合いを深めていく。

国民が上から下までまったく疲弊し、両派共倒れの様相となったやさきの一五八九年、カトリーヌが死去し、また、末子アンリ三世が狂信者によって暗殺されたとき、ヴァロアの王統が絶えた。こうして、ヴァロア王家の親戚筋に当たるナヴァール王アンリにお鉢がまわってきた。しかし、新教徒の彼はこのままでは王座に就けない。そこで彼は旧教に改宗することによって王位に就いた(アンリ四世、在位一五八九～一六一〇年)。

ここでスペインのフェリーペ二世は行動を起こす。彼はフランスを分割するという野望を胸に、ネーデルラント駐屯部隊をブルターニュとプロヴァンスに差し向けた。言うまでもなくフェリーペは、アンリに敵意をもつ旧教徒と手を結んでいた。アンリは一時的に挟撃の窮地に陥るが、これを巧みに擦り抜け、スペイン軍を持久戦に誘い込み、最終的にこれを撃退した。一五九八年、スペインとフランスの間に和平条約が結ばれた。

この年、アンリ四世は「ナント勅令」を発布して信仰の自由を認めた。これでもって国の内乱はひとまず終わる。これは個人レベルの信仰の自由であるが、国教はあくまでカトリックのままである。とはいえ、ドイツの「アウグスブルク和議」と比べると、「ナント勅令」のほうがはるかに優れている。かくてユグノーはそのまま国内居住を許された。しかし、彼らは依然として少数派であり、いつまた風向きが変わるかしれない不安は解消できなかった。じっさい、そうなるのであるが、それはずっと先のことである。ここでは、アンリ四世の英断が国家分裂を免れさせた点をこそ強調すべきであろう。

長期の内乱はフランスをすっかり疲弊させた。アンリ四世は国民の和解を説き、経済的復興を最優先の課題とし、殖産興業を推奨して国力の増大につとめた。当時の先進工業国オランダから技術者を招いて各地に工場を建て、テュイルリー宮殿の中庭を桑畑にするまでして範を垂れる。アンリは華麗な儀式や贅沢な生活を遠ざけた。侍従たちはいつも質素な身なりのアンリを一般人から見分けるのに苦労した。

国家中興の祖として国民から尊敬をかち得たアンリは、次いでフランスを集権的国家に仕上げる仕事に着手する。もし彼が暗殺されなかったとしたら、ルイ十四世の偉業をもっと早く達成していた可能性が高い。適切な決断力、健全な常識、宗教的寛容、外向的で善良な性格――ブルボン朝初代の国王アンリ四世は英明王として深く国民の心のなかに刻み込まれた。

第5節　ドイツ三十年戦争とヴェストファーレン条約

1　信仰問題より国家理性の優先

アンリ四世がパリの路上の暗がりで凶刀にかかって斃れると、フランスはまたも混乱に見舞われた。アンリの後を継いで幼少の王太子がルイ十三世として即位し（一六一〇年）、しきたりに倣って母后が摂政となった。幼王が登場するとき、決まってフランスに騒動がもちあがることはすでに述べた（第1章第4節2を参照）。宮中を舞台とする内紛が引き金となり、全国的規模で農民一揆が再発する。

しかし、一六一七年、成人に達したルイが母后を退け、自身の権威でもって大臣を登用するようになったとき、無政府状態は徐々に終息に向かう。国王の強権復活は内に向かっては国家的統合、外に向かっては国家的膨脹の動きに連なる。このリズムはフランス史を貫く普遍的な法則であると言ってよい。

一六一八年春、フランスがまだ内乱の痛手から完全に立ち直っていないころ、ドイツの宗教戦争は新段階を迎えていた。騒動の中心は東部のベーメンである。かつてフス派の根拠地であったベーメンにはキリスト教の異端が根強く残っていた。プロテスタント派はここに改革派の王国をつくろうとする。神聖ローマ帝国はむろんこれを黙認しない。皇太子でベーメン王を兼ねていたフェルディナントが信仰の自由を侵したため、プロテスタント派は抗議のため王宮に押しかけ、国王顧問官らを窓から放り出した(プラハ窓外放出事件)。これがきっかけでドイツ三十年戦争が始まった。

ベーメンの騒動は民族主義と宗教問題が重なりあった事件である。叛徒たちは指導者にパラティナ選帝侯を担ぎ出し、帝国内外の不満諸侯と改革派諸派に支持を呼びかけた。ドイツは再び内乱状態に陥る。彼らは、前々から帝国敵対政策をとってきたフランス王にも支援を要請してきた。

このときリシュリューはまだ宰相に就任していなかった(一六二四年に起用)。ルイ十三世はハプスブルク家から王妃を迎えオーストリアとの和解政策に転換したばかりであり、ドイツ問題に介入するつもりはなかった。当時、連続的な凶作に起因する農民騒擾とユグノー反乱がまだつづいていて、フランス政府はこの処理で手一杯であった。しかも、カトリック王がプロテスタント派に味方することはできない。さらにルイの不興を買ったのは、ライン河畔の都市共和国を基盤とする自由主義者のパラティナ選帝侯が反乱指導者になっていることである。

しかし、三十年戦争はその後、意外な展開を辿っていく。一六二〇年一一月、ヴァイセルベルクの戦いでプロテスタント軍が皇帝軍に大敗北を喫すると、新教国のデンマークとスウェーデンが参戦。その背後でオランダとイギリスも支援する。デンマークとスウェーデンの肩入れにもかかわらず、新教徒軍の旗色はいっこうに好くならない。皇帝軍はまずデンマークを破って同国を戦線離脱させ(一六二九年)、つづいてスウェーデン軍に迫った。

ハプスブルク帝国の中・北欧制覇が目前となったとき、ルイ十三世と宰相リシュリューはこれまでの中立政策の誤りを悟る。つまり、宗教的な事柄よりも政治的な事柄を優先させるのがフランスの伝統ではなかったか、と。国内の新教徒暴動も完全に鎮圧されたあとであり、政府にとってもはや信仰と国益のどちらを採るかの迷いはなくなっていた。

こうして一六三五年、カトリック国フランスが新教徒と同盟して、同じカトリック国の神聖ローマ帝国と矛を交えるにいたる。フランスの遅ればせの参戦は結果的にプラスに作用した。無疵の仏軍兵力の投入は戦場における軍事バランスを大きく傾けさせることになった。これまで長期の戦いで疲弊していた皇帝軍は徐々に押しまくられるようになる。

リシュリュー枢機卿

いまや戦争は宗教戦争から国家戦争へと性格を変えた。勝利を確信したリシュリューは政教分離の政策を徹底させる。すなわち、ドイツのプロテスタント派を支持する傍ら、神聖ローマ皇帝に従うカトリック諸侯を皇帝から離反させようとした。カトリック諸侯のほうも本心では皇帝からの独立を願っていた。彼らに向かってリシュリューは叫ぶ。皇帝フェルディナント三世(一六三七〜五七年)が掲げる反宗教改革のスローガンは、実はドイツとヨーロッパをハプスブルク家に隷従させんとの野心から出たものにほかならない、と。リシュリューが枢機卿というカトリック教会組織のなかで教皇に継ぐ高位の聖職者であったことも、彼の声明に真実味を付け加えることになった。ただでさえ厭戦気分に浸されていた諸侯たちはこの声明にたちまち動揺する。

ハプスブルク家が「聖戦」という一枚のカードで戦ったのにたいし、リシュリューは仲裁人およびドイツの自治と自由の擁護者という二枚のカードで戦うことができた。こうなると、戦いの帰趨は自ずと知れたもので、ブルボン家がヨーロッパの覇者となるのは約束されたも同然となる。こうしてフランスは当時、ヨーロッパ最強という評判をもつ陸軍の活躍で勝利をおさめることができた。リシュリューは最終的な勝利を知らないまま病没するが、彼の政治原則は非常に強固な基礎のうえにしっかりと根づいていたため、彼がいなくなっても、流れが急に変わる心配はなかった。

2　ヴェストファーレン

一六四八年一〇月、西ドイツのヴェストファーレンに集まった参戦当事国の代表および諸侯は平和条約に調印した。この条約でもってドイツの領土的細分化は完成する。ヴェストファーレン講和会議は、形式と内容の両面で国際政治史を彩る大事件であった。

まず形式面から述べよう。この会議には戦争にかかわりのある皇帝・国王・諸侯・諸都市の代表が一堂に会し和平問題を論じ、和平条約に共同責任とその遵守を保障することを確認しあう。この方式は、その後のヨーロッパにおける紛争処理を講じる際のモデルとなった。そのなかでもとくに有名なのが一九世紀のウィーン会議、ベルリン会議、二〇世紀のヴェルサイユ会議である。

以後、この種の列強会議で顕著になっていくのは紛争の未然防止という面であった。戦争の惨禍と財政負担が極大化するにつれて、列強は武力行使よりも話し合い解決のほうを重視するようになったのだ。こうした話し合いが本来の目的を達成したかどうかは疑わしい。すべてが友好的に行われたわけでもなく、話し合いの場ではしばしば力の外交(恫喝)が横行する。問題を先送りしたことからかえって欲求不満を引き起こし、次期の戦争において宿怨晴らしを助長することにもなった。しかし、たとえ表面的にせよ、列強が平和に共同責任を負うということは、一国のみが抜け駆け的に他国の領土を侵略したり併合したりすることを妨げた。つまり、列強会議は現状維持を促したのだ。

次に、ヴェストファーレン条約の中身をみてみよう。これをもってオランダとスイスの独立が承認されたこと、そしてフランスが領土を拡大したことはそれほど重要な事件ではないであろう。なぜなら、前者は既成事実であり、後者もフランスにとって初めてのことではなかったからだ。

何よりも重要なのは、神聖ローマ帝国が徹底的に解体され、分権化が極限にまで押し進められたことである。以後のドイツは王国・公国・共和国・司教領・辺境伯領・騎士領など二千以上もの飛び地の寄せ集め状態となる。それぞれが主権をもち、外国と交渉し同盟や条約を結ぶ権限をもつ。この状態は、一世紀半後の一九〇〇年、ビューローがドイツ帝国宰相への就任演説で述べた「バラバラのモザイク」という形容句がぴったり当てはまる。

しかし、そのモザイクは均質ではない。かなり大きな領土をもつ数少ない選帝侯領、星屑のような公国、自由都市が入り交じっていた。神聖ローマ帝国は名目的には残った。しかし、皇帝は以後、散在するこれらの諸侯を率いて行動を起こすことはできなくなり、また、独立した各国がドイツの全体的な利害関係を考慮しつつ統一行動をとる見込みもほとんどなくなった。

この複雑な散布図を入念に検討してみると、この無秩序状態は成り行きでそうなったのではなく、炯眼と政治的術策の所産であることがわかる。つまり、ハプスブルク家のオーストリアを牽制するために、バイエルン、ザクセン、ブランデンブルクの領土が巧みに配されている。ライン川沿いには有力国家はひとつとして存在しない。群小のドイツ諸邦は隣国に影響を及ぼさぬよう配慮されている。すなわち、それぞれの境界においてライバル関係を維持し、一者が少しでも利得を挙げれば他者に嫉妬が生まれるように、と。

ドイツの割拠状態は昔のヨーロッパの割拠状態のミニチュア版である。このドイツはれっきとした議会をもっていた。諸邦の代表を集めた議会は南ドイツのバイエルン州の町レーゲンスブルク（仏名ラティスボン）に置かれていた。これは常設の議会ではなく、問題が生じたときに招集された。利害関係国としてフランス、スウェーデン、イギリスなど列強もこれに参加する。参加と言うより、監視すると言ったほうが適切かもしれない。議会ではまとまった決議をすることはできなかった。列強およびドイツ諸邦それぞれの利害関係が錯綜して、簡単に合意に達しなかったのだ。ここで決議こそなかったが、開会中の宴会だけは豪奢であった。

この議会はドイツの領土的、政治的、宗教的な分裂状態を正確に反映する。領邦は保守主義を吹聴し、自由都市は民主的要素を代表し、フランスは大国風を吹かして調停者の威厳をもとうとする。討論順序に関する細かな規定と投票方法の民主的手続きは決議を事実上不可能なものとし、たまさかに決議が成っても、実行は保障されなかった。各国代表の権限があまりに大きいために問題の解決はできず、すべてを苛立たせ、不和と欲求不満を拡大した。とくに財政と課税ではまったく身動きがとれない状態に陥る。要するに、レーゲンスブルク議会はドイツの諸問題を解決したのではなく、ドイツの無政府状態を助長し、その意味でドイツの長期停滞を保障したのであった。

ここまで述べてくると、ヴェストファーレンの影の立役者がフランスであることは明らかとなろう。この条約でもって独仏の均衡は大きく傾き、ドイツは弱小国家の塊になってしまう。ただでさえドイツを戦場として争われた三十年戦争が国土を荒らし、富を破壊し、疫病を撒き散らし、人口の三分の一を消滅させたというのに、講和条約はドイツの恒久的低迷を保障した。いっぽう、フランスは国土を広げ(アルザスとフランドルを編入)、現在の輪郭に近づく。ライバルが消滅したという意味で、フランスはヨーロッパ覇権の一歩手前まで進むことになった。

これらのことはドイツ人に痛手となり屈辱的な思いを残した、と人は考えるかもしれない。しかし、意外なことに、それらは彼らの精神においてほとんど不都合を生じていなかった。当時の歴史家ヴィラールはシラーの『ドイツ三十年戦争史』の序文で次のように述べる。

「全体的にみて、われわれにとってこうした細分化から生じるプラス面はそのマイナス面を補って余りある。あるいはむしろ、われわれがこうしたプラス面をもったのは、まさに細分化のおかげなのだ、と十分な根拠をもって主張しうるのだ。」

一八世紀のドイツは、フランスのように一つにまとめあげられた権力体に、しかも民族国家になる必要を感じなかった。むしろ、この細分化のゆえに、ドイツの小国家は自治と自由を取り戻すことができた――すべてのドイツ人はこのように感じていた。これはまさに意外なことである。

暴君はもはやいない、静寂の支配するドイツに民族の覚醒が起きたのは、一八世紀末から始まるフランスの激動の余波がドイツに押し寄せてきたときである。思うに、ドイツの騒動と異変はいつも隣国フランスから来た。ちょうど幕末維新期におけるわが国のナショナリズムが西洋列強との鞘当てによって触発されたように、ドイツがナショナリズムに染まるのはフランス革命とナポレオン戦争の大嵐に巻き込まれてからのことである。

ルイ十三世を継いだルイ十四世(一六四三〜一七一五年)にもう少しだけ思慮があり、その征服計画に系統性があったなら、フランスのヨーロッパ制覇は本物になった公算が大きい。ルイ十四世の治世七〇年の大半は戦争で費やされたが、彼の死後に遺されたものは、派手な宮廷生活と膨大な戦費に起因する負債の山であった。フランスは盛名を得たかもしれないが、その代償はあまりにも大きかった。

われわれはフランス革命の直前にまで来ている。フランスのヨーロッパ覇権主義の帰結として生じたこの革命はフランスの旧制度を終焉させることになる。終焉を迎えたという点では、ヨーロッパの旧秩序もそうである。フランス革命こそ、ヨーロッパの旧秩序の終着点となり、そこから新秩序を生み出したという意味で、現代の出発点でもあった。

フランス革命は自由主義・民主主義・民族主義を生み出し、民衆を政治に巻き込む。政変は単なる政変で終わらず、社会の土台までを揺する革命に転化する兆しをみせ始めた。フランス革命が後世に残した教訓というのは、一国内の暴動や革命はもはや一国内の出来事で終わることがないということである。どの国も、隣国が内乱に見舞われているとき、もはや対岸の火事視することができなくなる。物事に対処するに当たり、万事ヨーロッパの次元で考えなければ、災難は自国に降りかかるのだ。

第3章　ドイツの覚醒

第1節　フランス革命

1　対岸の火事

フランス革命ほど毀誉褒貶に晒された事件は珍しい。この事件についてはいつも評価が分かれる。この革命は、あるときは善と正義の例証として、またあるときは悪と不義の実例として引き出され、その礼賛者からは人間性の完全な蘇生ないし人類史の一大画期として、その敵対者からは地獄の作品として眺められる。圧制下において、それは失われた天国の時代として懐しまれることもあれば、現実の不幸の起源として疎まれることもある。反対に自由体制下においては、それは天啓の妖怪の出現として嫌忌される一方で、メシアの降臨として崇敬の対象となることもある。

いずれにせよ、フランス革命が大事件であることに変わりない。この革命がヨーロッパを巻き込む大事件に発展したのは、ヨーロッパがこれに干渉したからである。これを裏返しに言えば、ヨーロッパがこの事件を放置していれば、フランスの単なる国内事件に終わった可能性は高い。だが、そうした想定はヨーロッパではありえない。なぜなら、どの国も隣国の揉め事に口をだすというのが習わしであり、それがヨーロッパのヨーロッパたる所以であるからだ。ヨーロッパでは革命も王権失墜もとくに驚くべき事件ではなかった。革命は外国の諸王にとって少しも不快な出来事ではない。「他人の不幸は蜜の味」――こちらに飛び火しない限り、諸王が革命を支持することさえ想定内に入ることだ。

だが、列強の干渉政策には迷いがあった。イギリスはアメリカ独立戦争時の怨み――フランスがアメリカ独立派に援軍を送った恨み――を晴らすべき、またとないチャンスと見なした。しかし、フランスにたいする報復の念で一杯のイギリスは慎重にも、しばらく高みの見物を決め込む。早すぎる介入はかえってライバル国の混乱を終息させる恐れがあり、むしろ放置したほうが内紛の長期化につながり、イギリスの利益に資するからである。

アメリカ合衆国はフランスの革命派を支援したかった。恩返しの意味もあり、イギリスの圧力から逃れたい気持ちもある。フランスを支えることはイギリスを牽制できるし、国制上も同じ共和制という点で一致し、何ら問題はない。しかし、最終的に合衆国は精神的支持にとどまる。国内問題の処理で手一杯で、干渉する余力がなかったのだ。

プロイセンも隣国の騒動の永続化を望んだ。ただし、ライバルの隣国オーストリアの出方がはっきりしない以上、軽挙妄動は禁物。それゆえ、直ちに旗幟を鮮明にし、フランス干渉に乗り出すわけにもいかなかった。

ルイ十六世の王妃マリー＝アントアネットの実家であるハプスブルク家のオーストリアのみはフランス王家の不幸を看過ごしにできず、今すぐにでも干渉せんとやきもきしていた。しかし、やはり列強の動静がいまひとつはっきりしない以上、単独で動けば危険であるばかりでなく、国内に燻る民族運動に火を放ちかねなかった。オーストリア内で差別されていた非ドイツ系諸民族はフランスの革命に期待をかけていた。

要するに、列強はいずれもしばらく形勢観望の立場にまわった。しかし、対岸の火災を放置した結果、燃え盛る炎の舌が川面を伝って此岸を嘗めるにいたる。つまり、列強が息を潜めるようにして見守るパンドラの箱の中から飛び出したのは、まったく新しいタイプの革命「人民革命」と、類例なき戦争すなわち「国民戦争」であった。これらは統御するに手に負えない代物である。フランス革命が近代の幕開けを告げたと評される所以はここにある。

実際に生起したことから考えるとき、歴史の流れがあらかじめ決められているように思えるが、視点を過去に戻すとそういうことはありえない。後知恵に従う歴史家は全能であり、万人を納得させるような解釈を展開しうる。しかし、後知恵はしょせん後知恵にすぎない。ルイ十六世が一七八九年に三部会を召集したとき、フランスのこの事件がやがてヨーロッパ中を戦乱に巻き込む大事件に発展することを予想した者はいない。優れた洞察者ですらせいぜい、一七五年ぶりに召集されたこの議会*は異例のことで、フランスがただならぬ状況にあることを察知するにとどまった。

とにかく、列強は対仏干渉の機会を窺っていたが、それぞれの思惑で、しばらく身動きできない状態にあった。実際に戦争を仕掛けたのは革命のフランスである。だから、フランスが悪いとは言うまい。革命を逃れて外国の地にいる亡命貴族と諸外国が一体となって早晩、フランスに戦争を仕掛けるであろうことは明らかであったからだ**。

一七九二年に革命とフランスを危険な道に引き入れた二人の人物がいる。一人は宣戦布告を発した外務大臣ブリソー、もう一人は、戦場で敵方に寝返った将軍デュムーリエである。二人は革命をいっ

---

*アンリ四世が暗殺された直後、政情不安を受けて一六一四年に三部会が召集された。しかし、このとき議会は何も成果を挙げなかった。以来、三部会は名目だけのものになり、長く召集されなかった。

**一七九一年八月二七日、仏王妃マリー＝アントアネットの実兄である神聖ローマ皇帝レオポルト二世とプロイセン王フリードリヒ＝ヴィルヘルム二世がザクセンのピルニッツで会見し、仏王を救出し革命に干渉する用意があるという共同宣言を発した。このとき事実上、ドイツの両国はフランスに宣戦布告を行ったことになる。しかし、このときイギリス、スペイン、スウェーデン、オランダ、ピエモンテはまだ中立を維持する。

そう左傾化させ、国の戦時体制化を促した。すなわち、彼ら二人のせいでフランスは全ヨーロッパを敵にまわして戦わねばならなくなった。国難の排除のために政府は国民のありとあらゆるエネルギーを引き出し、その固い団結を基礎に強大な軍事国家の構築を急務とした。じっさい、危機の進化は革命を一段と左傾化させる。

とはいえ、この罪を二人だけに押しつけるのは公平とは言えないだろう。彼らは事の成り行きからそうした道を進まざるをえなかったのであり、国民的苦難の原因をつくったのではない。原因をつくった人物を敢えて挙げるとすれば、国王ルイ十六世と王妃マリー＝アントアネットであろう。二人は革命に同調するふりをしながら、密かに外敵と通じ国外逃亡を図ったのだから。しかし、彼らとて政治の表舞台における演技者として、台本

断頭台上のマリー＝アントアネット

には書かれてない事態の展開に驚き、窮余の一策として裏切行為を働いたにすぎない。その意味で、彼らの罪の度合いはブリソーやデュムーリエと同じレベルのものである。

革命派はルイ十六世に対墺宣戦布告を出すよう迫っていた。善良で、万事に優柔不断な国王には決断がつかなかった。彼が素直にこの要求に耳を貸し、即時開戦に踏みきっていれば、戦闘体制の整わないフランスは簡単に外敵に屈した可能性が高い。それで革命は終わり、国王と王妃の生命は安泰であったであろう。だが、この国王にはそうした深慮遠謀の芸当はできなかった。彼の逡巡により時間稼ぎがなされたおかげで、フランスは余裕をもって戦時体制を組むことができた。それゆえ、ルイの不決断が革命とフランスを救ったという見方もできよう。

2　フランス外交政策の転換、そして再転換

本当の〝過ち〟は前代国王ルイ十五世のときに犯された。同王はこれまでの外交路線を抜本から改め、オーストリア――本書では以後、形骸化した「神聖ローマ帝国」という呼称を止め「オーストリア」と呼ぶことにしよう――との協調路線に転換し、これがずっとフランス人の不興の的となる。一七九二年四月二〇日の対墺宣戦布告は一七五六年以来の仏墺協調路線の破棄を意味した。

一七五六年五月、フランスはこれまでの「扶普滅墺」路線をふり捨てた(ヴェルサイユ条約)。一七五六年はフランス外交史上、これとは正反対の「扶墺滅普」路線の開始年であり、この転換は「外交革命」

とも言われる。一七七〇年のマリー＝アントアネットと王太子ルイの政略結婚は仏墺接近を象徴する出来事であった。

これにより、大陸で孤立したプロイセンはイギリスにすり寄り、普英同盟を成立させる。そのために、フランスは七年戦争（一七五六〜六三年）でイギリスと戦うはめになった。フランスは大陸でこそプロイセンと互角に渡りあったものの、海外ではイギリスに連戦連敗を喫し、インドやアメリカ大陸での足場をことごとく失う。それゆえ、一七五六年の転換はいわばフランス外交史上の〝汚点〟とでも言うべきものであった。

この外交政策が革命の最中に再び転換され、もとのオーストリア敵対主義に戻るのであるが、一七五六年来の「扶墺滅普」政策は宮廷内でも、ブルジョアや民衆からも非常に不人気であった。マリー＝アントアネットが「オーストリア女」として憎まれたのはこのためである。こうして、三十数年に及ぶ外交上の〝汚点〟を抹消することが、革命政府に託された使命となる。ミラボー、ラ・ファイエット、ダントン、バルナーヴら革命派の領袖たちはいずれも「扶普滅墺」主義者であった。

だが、フランス外交の「扶普滅墺」主義への回帰はいかにもタイミングが悪かった。フランスから熱い視線を向けられたプロイセンは冷淡で革命を支持する気はまったくなかった。それどころか、同国は積年のライバル関係を棚上げし、オーストリアと同盟するにいたる。かくて、フランスは二正面の戦いを強いられることになった。

さりとて、革命政府は勝つための努力を疎かにしたのではない。敗北は即、反革命の勝利を意味する。一七九二年七月一一日、立法議会は「危機に瀕する祖国」の宣言を採択した。このスローガンは民衆を激しく揺り動かす。以後、この檄文のプラカードを手にしたデモ行進がパリの街路を埋めた。同日、パリ市は義勇兵の募集を開始する。また、一七九三年八月に発令された国家総動員令は軍隊の徹底した民主化を宣言する。国民公会でジャコバン派のバレールは叫ぶ。「きょうこの日から、敵が共和国の領土より一掃される日まで、すべてのフランス人は軍務のために恒久的に徴用徴発されるであろう」、と。これは史上初の国家総動員令である。

革命と祖国の危機は民衆の愛国心に火を放った。こうして、犠牲を恐れぬ兵士から成る勇猛な軍隊が結成された。この軍隊は向かうところ敵なし、破竹の勢いで進む。連戦連勝のフランス軍は国境を食み出て、そこに橋頭堡を築くにいたる。それには格好の名分があった。すなわち、「圧政から諸国民を解放しよう、フランス軍は解放軍なり！」である。こうして正義の使者フランスは行動の自由を獲得する。海軍の弱体なフランスにとって、七年戦争以来の失地回復を海外で図ることがもはや不可能であるとすれば、それはヨーロッパの大陸で図るしかなかった。ベルギー、ロレーヌ、サヴォアア、北イタリアの国境付近は小競りあいののち、次々にフランス領に編入された。この領土拡大政策は次のナポレオンの登場をもって拍車がかかる。

第2節　ナポレオン支配

だれも戦争がこれほど長期化するとは考えていなかったが、この戦争は長引いた。このことは戦争当事国双方に深刻な影響を与えることになる。

まず、フランスについてみよう。戦争は有利に展開し始め、革命と国家の危機はひとまず回避された。だが、行き過ぎた恐怖政治は国民の反感をかって「テルミドールの反動」を引き起こす(革命歴テルミドール九日、一七九四年七月二七日)。この事件でジャコバン独裁の中枢ロベスピエール派が没落した。以後、議会が機能を回復したかにみえたが、外戦は依然、断続的に行われており、国内的にも左右勢力の指導権争いはつづく。

「テルミドール」後に成立する総裁政府は左右勢力の均衡政策に腐心したが、国内の動揺が激しくうまく運ばない。こうした状況が砲兵将校上がりのナポレオンを権力の座に就けるのである。

ナポレオンはフランス革命の落とし子と言われる。彼はフランス革命の行き過ぎを是正し、国内の動乱を鎮め、切り裂かれた国民相互の和を回復するため、カリスマ性をもつ権力者として登場した。国民和合の再現といっても、もはや旧体制に復することは不可能であった。既成事実となった革命成果を反古にすることなく、それを防御しつつ国民の和を回復するというのがナポレオンに課された使命である。一方の顔を立てれば、他方が文句をつけるのは自明。要は何らかの方法で両者の顔を立てる

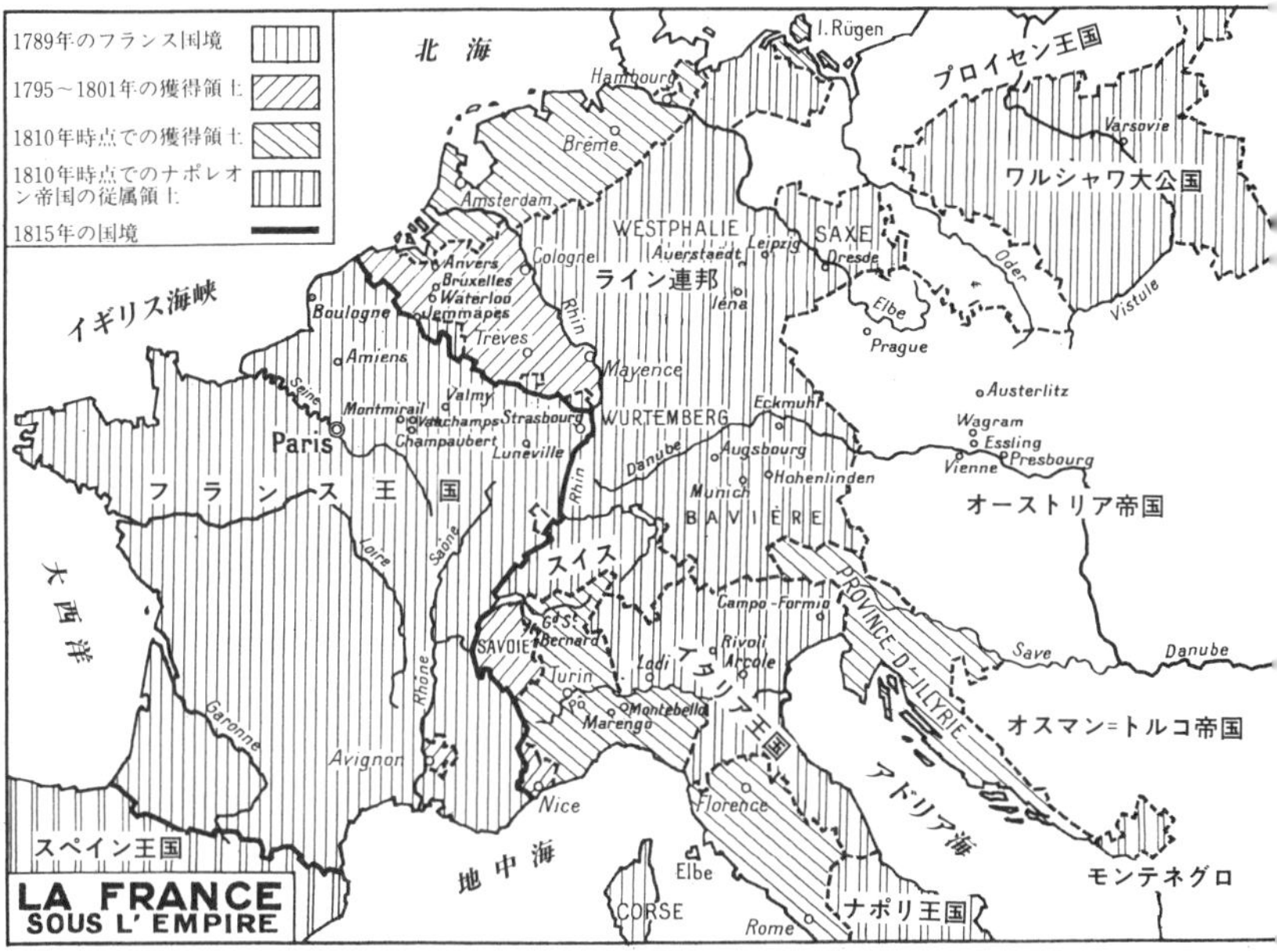

ナポレオン帝国

出典）Weygand (le général), *Historiede de l'armée française*, 1953.

ことだが、それはまさしく綱渡りの難事であった。

しかも、ナポレオンには、悠長に内政に専念する余裕がなかった。諸外国は依然としてフランスへの干渉を諦めていない。そこで、ナポレオンは内政のピンチを外戦によって切り抜けることを考えついた。戦争は国民の眼を内輪もめから外に逸らし、国論統一のための有効な手段である。また、戦争はある意味で儲かる商売であり、軍事産業はフル操業の状態となった。また、戦勝は領土を拡大し、国民に戦利品の一部を提供する。じっさい、彼はこれで自身の巨富を築いた。

次に、戦争が諸外国にどのような影響を及ぼしたかをみてみよう。ひと言で言えば、干渉戦争は藪蛇であった。同盟軍は、敵の百姓や職人から成る、にわか仕立ての軍隊など何するものぞ、自軍の正規兵をもってすれば鎧袖一触で負かせるものと高をくくっていた。だが、この敵は手強い相手であった。同盟軍は開戦当初こそ押し気味に進めたが、やがて形勢逆転し、敵が自国内の奥深く侵入し始める。慌てて敵に休戦協定を申し入れても、時すでに遅く、敵の言う条件でしか休戦はできなくなっていた。

とくにナポレオンが登場してからというもの、列強にとって生半可な妥協は許されなかった。国王退位、領土割譲、賠償金支払いはおろか、国制や軍隊の編成替えまで強いられたのだ。

ナポレオンのヨーロッパ支配は両義的である。当初、ナポレオンは諸国民から、フランス革命の〝福音〟を届けにきたものと受け止められた。ナポレオンは彼らを農奴制の圧政から解放する。とくにライン河畔諸都市のように自由と自治の伝統をもつところでは、住民たちはナポレオンの登場を歓呼の声で迎え入れた。

しかし、戦争の長期化に伴い、ナポレオン支配は戦争協力のために住民に多大な負担を強いることになった。こうして〝解放軍〟はしだいに〝侵略軍〟となった。この転換はドイツでもっとも顕著である。弱小国家のひしめきあうドイツでは、ナポレオンの支配は徹底しており、住民に征服戦争への積極的協力を強いた。やがて、ドイツ人は際限なき戦争に加わることに疑問を感じるようになる。

「自由」「平等」「友愛」のスローガンは初めこそ、新鮮で魅力的な響きをもっていたが、しだいにその結果が重税・徴発・徴兵という新手の圧政にほかならないと自覚されるようになる。とくに三番目の「友愛」のスローガンが曲者である。それは革命という共同目標に向かう諸国民の連帯を謳うスローガンであったが、これぞ征服行為を正当化するものとして、ドイツ人はこれをひどく嫌うようになる。

しかし、ドイツ人に反発と嫌悪の感情だけが残ったのではない、隣国の偉業への敬服の観念も残った。フランス軍が短期間で強大化したのは、政治において徹底した民主的変革を成し遂げたせいであり、ドイツ人も謙虚にこの試みから学ばねばならない、と。

ドイツ人がフランス人から学ぼうとした事柄は何か？　――これは二つの潮流に分かれる。一つは自由・平等・民主主義の諸改革である。フランス革命はこれをもって、ドイツに長く温存されていた封建制・農奴制・官僚制を否定した。もう一つは集権主義・殖産興業・軍国主義の諸改革である。前者は防御的で民主的なナショナリズム、いわば民衆の下からのナショナリズムに連なっていく。後者は攻撃的で排外的なナショナリズム、すなわち支配階級の上からのナショナリズムに連なっていく。

この二つの潮流はもともと別個の根から出ているため、統一は容易ではない。外敵侵入といった異常事態のもとでの両立は可能かもしれないが、平時では困難である。

また、いずれの潮流も目標の達成に「力」の行使を必須とする。異なる点は、その「力」が「人民」に拠るのか、「軍隊」に拠るのかの違いである。もし、それらが同時に行使されたとき、いずれか一方が他方を犠牲にする危険性がきわめて高い。一八四八年のドイツ三月革命後に誕生したフランクフルト国民議会の立往生はまさにこの種の困難を象徴していると言えよう。

第3節　ナポレオンの「大陸制度」がドイツの経済的統一を促す

ナポレオン支配はドイツ経済に深刻な影響を与えた。この災難はドイツの経済的統一を促すところとなる。

ナポレオン侵入前のドイツは政治的に分裂していたため、ここに統一的な経済圏なるものは存在しない。統一的経済圏すなわち地域間の交易が発展するためには、地域間の分業化が進み、かつ住民自身が購買力をもつことが必要である。ドイツでは西欧諸国と比べると、そのいずれについても大きく遅れをとっていた。

ドイツは一九世紀になっても純然たる農業国であった。全人口に対する都市人口の占める割合をみれば、ドイツがいかに農業的であったかがわかる。一八一五年の時点で、のちにドイツ第二帝国の版図に含まれる一二の有力都市の人口の合計は七五万人ほどであった。いっぽう、同時代のパリの人口は七〇万人弱である。ナポレオン戦争の影響で減っていたとはいえ、このパリだけでドイツの一二都市に匹敵するほどの人口をかかえていたのである。当時のドイツの総人口二四五〇万のうち九〇パーセントが農村に住み、そのほとんどが農業に従事している。

工業がないわけではなかったが、それは都市部のギルド手工業に限られていた。とうぜん生産力は落ちる。また、都市住民のすべてが商工業に従事していたのではなく、かなりの部分が農業を営んでいた。

要するに、ドイツの産業はおしなべて農業的であり、その輸出品は穀物と原料（ホップ、粗糖など）のみから成っていた。輸出相手は当時の先進国オランダやイギリスなど外国である。ドイツは見返りに製造品を輸入していた。

ドイツがこのような状況下にあるとき、ナポレオンが飛び込んできた。ナポレオンが対英戦の遂行のため、大陸諸国にイギリスとの通商禁止を強いた「大陸制度」と、イギリスの報復措置――船舶の自由拿捕令――とのために、ドイツは外国貿易を諦めざるをえなくなる。かくてドイツの農産物はイギリスという有力市場を失い、また、イギリスの製造品はドイツに入らなくなった。

長引く戦争につづいて、一八一六～一七年の不作が追い討ちをかける。都市と農村の別を問わずドイツ人は飢えに苦しんだ。ところが翌一八年になると、一転して大豊作となり、穀物相場は大暴落。このような相場の乱高下は農民を痛撃した。国家が外国貿易をふつうに維持していれば、このような物資の払底または過剰は緩和されるはずである。しかし、諸邦割拠の著しい北ドイツでは貿易がうまく機能しない。飢饉時に被害の比較的少なかったオーストリアと南ドイツ諸国は国境を閉鎖し、飢える隣国を見捨てた。

さらに、ナポレオン戦争の終結とともに「大陸封鎖」が解除されると、今度はイギリスの安価な工業製品がドイツ市場にどっと流れ込む。繊維産業がいちばんの打撃を受けた。「大陸封鎖」によって、ドイツでは必要に迫られ、紡績や精糖などの工業が興りつつあったが、ドイツ製品は品質と価格の点でイギリス製品に太刀打ちできなかったのだ。

幼弱産業は自由貿易にマッチしない。自由貿易主義というのはおしなべて先進国に有利、後進国には不利に作用する政策である。それゆえ、ドイツにはドイツにふさわしい経済原則つまり保護貿易制度を打ち立てることが急務であった。域内交易の自由化への道はまわりを確かめつつ、一歩一歩踏みしめるようなかたちで進む必要があった。じっさい、ドイツ諸国はこれに基づいた政策を展開することになるだろう。

ドイツの政治的割拠制も弱点のひとつである。ドイツ諸国が、圧倒的な武力を誇るナポレオンの軍門に次々と下ったのもこのためである。それゆえ、政治的な統一が急務であり、戦後すぐにドイツ連邦が結成される。しかし、連邦はあくまで連邦にすぎず、強大な統一国家がすぐに誕生する見通しはなかった。そこで、当面は経済的統一への道が模索される。一八一五年の「ドイツ連邦憲章」第一九条は「連邦議会」の課題として関税同盟の検討を掲げていた。だが、寄り合い世帯の「連邦」にはこの問題を解決する力がない。そのため、関税同盟の結成への努力は「連邦」の外で、つまり諸邦相互の合意と調整を図るといった地道な努力のかたちでつづけられることになった。

先走って言えば、一貫してこの運動の主導権を握りつづけたプロイセンがこの経済的武器をかざし、自国の傘下に入る盟邦を徐々に増やすことによって、ドイツの政治的統一のための地均しを行った。ドイツ諸国はこの関税同盟の引力に次々引き寄せられていく。対照的に、もう一つの大国オーストリアは関税同盟に終始、消極的な姿勢をとりつづけた。それは同国の産業の立ち遅れに起因する。オーストリアは関税同盟に背を向けることによって、ドイツの政治的統一の主導権争いで一歩も二歩もプロイセンに遅れをとることになる。軍事大国でありながら、経済力をもたない弱点がここに一挙に吹き出てしまうのだ。

第4節　ウィーン体制は不満同盟であった！

1　ウィーン会議とドイツ新体制

一八一五年のウィーン講和会議はヨーロッパにひとつの体制を生み出した。これは狭い意味で三〇年余の間、そして広い意味では第一次世界大戦の勃発までのちょうど百年間存続することになった。会議場所の名に因んでウィーン体制とも、あるいは指導者の名に因んでメッテルニヒ体制とも呼ばれる。フランス人は敢えて外国名を避けて、これを「一八一五年体制」と呼んだ。この体制はヨーロッパのすべての国家、すべての人々――国をもてなかった人々もおり、敢えて「国民」とは言うまい――に不満をいだかせた。この点では敗戦国フランスはむろんのこと、戦勝国も同じである。戦争には勝ったものの、各国の利害関係と要求が錯綜し、いずれも期待どおりの戦利品にありつけなかったことが不満の元であった。

この講和会議は一八一四年九月に始まり、翌年の六月に終わる。一〇か月にもわたる長い会期は難航した前半と妥協的な後半とに分かれる。すなわち、前半は「会議は踊る、されど会議進まず」と揶揄されたように、戦勝国同士の鞘当てが続発して交渉はなかなか進捗しなかった。これを尻目にナポレオンが密かに帰国し復位する（ナポレオン百日天下）。この不慮の事件を境に会議は円滑に進み始め、列強はそれぞれようやく要求をトーンダウンさせ妥協的姿勢をみせるようになった。

ウィーン会議が難航した最大の理由は領土問題にあった。プロイセンはザクセンを併合して飛び地をなくそうとする。また、ロシアはポーランドを手に入れようとする。普露両国はそれぞれの要求を押しとおすために、会議ではつねに共同歩調をとった。

一方、オーストリアは普露両国の野心を歓迎しなかった。もしこれが現実のものになると、オーストリアは国の北辺において包み込まれるようなかたちでこの二大国と国境を接するばかりか、地政学上も自国の地位が低下することを懸念する。そして、ナポレオン戦争中からロシアの台頭を恐れるようになっていたイギリスは、ヨーロッパの勢力均衡を維持するため、オーストリアの肩をもった。

かくて、ウィーン会議中のヨーロッパ諸国の勢力図は普露陣営と英墺陣営に分かれた。両陣営の緊張関係が昂じて戦火再発の寸前まで行ったが、そのやさき(三月初め)、ナポレオンのエルバ島脱出の報がウィーンに届いた。もはや戦勝国同士で争っているばあいではなくなり、結局、力関係で分の悪さを悟った普露陣営が折れた。これ以降、領土処理の交渉は円滑に進むようになる。一八一五年六月一五日にウィーン議定書が調印され、講和条約が正式に発効した。

講和条約の基調はスローガン的に言えば、領土的代償主義・保守主義・正統主義である。領土的代償主義とは、諸国間の入り組んだ版図を整序するための領土の交換を指す。保守主義とは革命と民主主義の否認であり、正統主義とは旧体制(王制)の復活である。

まず、領土処理の問題から検討していこう。ナポレオン戦争によってヨーロッパの旧版図は掻き乱された。これを戦後処理の一環として、新たに線引きを行おうとするものである。合意への道は険しかったが、結果は次のとおり(傍線部は独仏に関する規定)。

(1)ワルシャワ大公国を廃しポーランド王国を復活させ、ロシア皇帝が王位を兼ねる。

(2)フランスは一七八九年七月当時の国境に戻る。

(3)ロシアはスウェーデンからフィンランドを、トルコからベッサラヴィアを獲得。

(4)プロイセンはポンメルン、ザクセン北半分とラインラントを獲得。

（５）オーストリアはオランダ、ポーランド、南ドイツを放棄し、北イタリアを獲得。
（６）イギリスはケープ植民地、マルタ島、セイロン島、イオニア島を獲得。
（７）スイスは永世中立国となる。
（８）スウェーデンはポンメルンとフィンランドを放棄し、代わりにノルウェーを獲得。
（９）ドイツは三五か国と四自由都市より成る連邦を結成し、オーストリアが議長国となる。

プロイセンはザクセンの北半分を得て、ライン左岸を含む広大な地域を領有することになった。しかし、それでも飛び地は解消できない。新たに獲得したラインラントは自由主義の伝統をもつ地域である。前述したように（第２章第１節１「分権と集権」）、プロイセンとラインラントでは国家の成り立ちが根本的に違う。ラインラントの住民はプロイセンとの合併を希望していなかったし、自由主義という〝病原菌〟の感染を恐れるプロイセン政府のほうもラインラントの併合を望んでいたのではない。

ともあれ、ラインラントへの進出により、プロイセンはフランスと国境を接するにいたった。プロイセンは以後、執拗にラインラントを狙うフランスからそこを守るという重荷を背負うことになる。これは、フランスとプロイセンを競り合わせようとするイギリスの深慮遠謀に発している。

いっぽう、オーストリアはネーデルラントと西南ドイツを諦め、北イタリアとヴェネチア、ティロルとガリツィアを獲得した。同国は大きな利得を引き出したようにみえるが、実際のところは以前にも増して多民族国家の複雑な問題をかかえることになった。とくに北イタリアとヴェネチアの獲得によって、面倒なイタリア問題に介入せざるをえなくなり、外交上の選択肢を著しく狭めるにいたる。これは、かつて神聖ローマ帝国が嵌まった轍――聖俗の争い――の二の舞をオーストリアが演じることを予想させる。

次に、ウィーン条約の保守主義と正統主義の問題に移ろう。理念的に異なるこの二つの原則はウィーン会議では一体的に処理された。すなわち、フランス革命の自由と平等の原則は完全に否認され、民主主義と共和主義の制度はすべて破棄され、政治にかかわることのできる者は一部の特権階級に限定された。これに基づきフランス、スペイン、ナポリ、ポルトガルで王制が復活する。

しかし、革命と民主主義の否認とはいえ、フランス革命とナポレオン戦争が触発したナショナリズムまでが否認されたのではない。その証拠に、神聖ローマ帝国はついに蘇生しなかった。この帝国は前にみたように、過去の遺制として形式と観念だけが残っていたが、ウィーン条約をもって正式に死に絶えたのである。

ドイツでは領邦分立という旧体制に戻す代わりに、ドイツ連邦が誕生した。単一のドイツ民族国家こそ成らなかったにせよ、このドイツ連邦はまさしくドイツ人の国家連合である。オーストリアとプロイセンの二大国ではそれぞれ領土のうち、ドイツ人の居住地のみが連邦に組み込まれた。すなわち、オーストリア領のうちハンガリーや北イタリア、プロイセン領のうち東プロイセンはドイツ連邦から除外された。

ドイツ諸邦三九か国がこの連邦に加盟し、さらにホルシュタイン公の資格でデンマーク王が、ルクセンブルク大公の資格でオランダ王が、ハノーファの代表としてイギリス王がそれぞれ加盟した。このようにドイツ連邦に外国君主が参加し、同時に普墺両国がヨーロッパ列強体制の構成国であるため、ドイツ連邦は最初からヨーロッパ国際関係に深く編み込まれることになった。ということは、この連邦内のいかなる異変も列強の監視下に置かれることを意味する。それゆえ、この連邦はヴェストファーレン条約後のドイツ連邦と本質的に同じである。違いがあるとすれば、新連邦にフランスの容喙がないだけのことである。

ドイツ連邦はフランクフルトに連邦議会をもち、オーストリアが常任議長国となった。連邦議会は重要事項に関して三分の二以上の多数決で決定し、連邦基本法の改正のような最重要事項については全会一致制をとる。つまり、最小国ですら拒否権を行使できるということだ。果たして普墺両国は事あるごとに対立し、連邦の統一行動を阻害した。このことはイギリスの狙いであったし、連邦に直接的に影響力をもてないフランスにとっても好都合であった。

とはいえ、両大国が一致している限り、連邦は力を発揮できた。ウィーン体制が手を焼いたのはナショナリズムである。自由主義とナショナリズムの運動を抑圧する点では、普墺両国はつねに一致した。ナショナリズムから生まれた連邦がこのナショナリズム運動の弾圧の機能しかもてなかったというのは歴史の皮肉と言うべきであろうか。連邦議長国オーストリアは一一の民族から成る複合民族国家、いわば〝ヨーロッパの縮図〟である。この国は、ヨーロッパのどこかで自由主義とナショナリズムの運動が巻き起これば、たちまち国内へ広がり国家分解を引き起こしかねない危険を孕んでいた。普墺の保守主義的協調は有名な「カールスバートの決議」（一八一九年八月）に代表される。この決議により、自由主義とナショナリズムの運動を扇動するデマゴーグは一斉検挙されることになった。しかし、完全に芽まで摘まれたのではない。一八四八年の三月革命はドイツ連邦による執拗な弾圧と迫害に対する民主派の痛烈なしっぺい返しとなるであろう。

2　フランスの懸念

敗戦国フランスはウィーン体制をどうみたのであろうか。ウィーン会議で活躍した仏外交官タレーランの巧みな采配により、革命前の旧版図が無疵のままフランスに残されることになった。さすがに波乱の元凶とみられただけに戦争賠償金は課されたが、それとて払えない額ではない。敗戦国にしてこれだけ穏便な措置を受けた例は珍しいと言えよう。

それにもかかわらず、ウィーン条約はフランス人に大きな不満を残した。彼らはウィーン体制を「一八一五年体制」と呼び、また、ナポレオンが最後に苦杯を嘗めた戦場の名に因んで「ワーテルロー同盟」と呼ぶ。不満の根源が前述のウィーン体制三原則にあることは言うまでもないが、フランスの行動上の自由を奪ったことのほうがもっと大きい。

革命戦争を通じて獲得したライン左岸を失ったことはフランス人に遺恨を残した。フランスは「ライン自然国境説」を捨てていなかった。しかし、ウィーン体制は領土紛争をすべて国際会議に委ねていた。それゆえ、フランスの領土修正の要求の前に立ちはだかるのはつねにこの会議ということになる。この壁はよほどのことがない限り突破できない。フランスはいつの日か「ワーテルロー同盟」の足並みの乱れを衝き、どこかの国と同盟することによってライン左岸奪還の悲願を達成するつもりでいた。以後のフランスの外交目標はひとえに「一八一五年体制」の打破に定められた。これは一九世紀全体を通してフランスの指針となったが、世紀末にロシア＝フランス同盟が成立することによって（一八九二年）、ようやくその一部が達成されることになる。

これに加えて、隣国ドイツに強大な統一国家の誕生を妨げる課題があった。これはカペー朝以来のフランスの伝統的な外交指針である。フランスにとって幸いなことに、ドイツに連邦が誕生したとはいえ、普墺の角逐によりこの連邦は身動きひとつできない状態にあり、ドイツの統一は差し当たっては現実味がなかった。そこで、フランスはドイツ諸邦に外交部を設置するとともに、フランクフルトのドイツ連邦にも外交官を派遣した。

ウィーン体制後のドイツに澎湃と起こるナショナリズムと自由主義の動きを前にして、フランスはジレンマに陥る。フランスがこの運動を支持すればウィーン体制を揺さぶることになる。反面、運動の根拠地がフランスにあることを自ら認めるようなもので、列強の対仏干渉を誘発しかねなかった。

反動的記念物の破壊や焚書にまで発展したヴァルツブルクの祭典(一八一七年一〇月)について、ドイツ駐在のフランス大使は本国に「ドイツがフランス革命のような大変動の前夜にある」と報告してきた。これでルイ十八世の政府は決断した。フランス政府はドイツの混乱に無関係であり、暴動鎮圧に賛成と宣言する。折りしもスペインでも農民暴動が発生した(一八二〇年一月)。列強の代表が集まったヴェローナ会議はスペイン王政の復活のために、フランスに派兵を命じた。これには〝踏み絵〞の意味が込められている。一八二三年四月、ルイ十八世の弟アングレーム公がカタルーニャを制圧し、つづいて五月にマドリードに入城して、共和主義政府を転覆した。

これはフランスの国際的威光の復活を告げる出来事であった。ベルリンはフランスの軍事的再興をもっとも恐れていたがフランス政府が保守的秩序の擁護者であることを高く評価した。フランスはラインでの野心をもたないことを宣言したため、一八二〇年代後半の普仏関係は良好のうちに推移する。

第5節　ドイツ関税同盟とフランス外交

1　三つの関税同盟

ドイツの経済的統一を促したのはナポレオンである。ナポレオンの事実上の属国となったプロイセンは、一八〇七年から一一年にかけて発布された法律により営業の自由を命じられた。そして、度量衡統一は一八一六年のことである。強制というかたちにせよ、プロイセンは経済的近代化を成し遂げた。他のドイツ諸邦すなわちオーストリア、ザクセン、バーデン、ヴュルテンベルク、バイエルンで営業自由令が出されたのは一八六〇年代であることを考えると、当時のプロイセンがいかに先を行っていたかがわかる。

プロイセンはハノーファとクールヘッセンによって国土を東西に分断されているため、他の諸邦にもまして国内通商の障害に悩まされていた。プロイセンは一八一八年五月二六日に関税法を制定し、いっさいの国内関税を廃止するとともに、すべての国境線で外国商品に均一税率を課した。これがドイツ関税同盟に向けての第一歩となる。しかし、このプロイセン関税法から一八三四年のドイツ関税同盟までの道のりはけっして平坦ではなかった。

一八一八年の関税法は輸入禁止を謳っていなかった。外国商品に課された税率はツェントナー(重量単位)当たり二分の一ターレルである。このほか、染色綿糸・綿布・毛織物・鍛鉄などについて価格の一〇％を上限とする国内消費税が課された。プロイセンの関税率はフランス、オーストリア、ロシアのそれと比べれば低いが、他のドイツ諸邦との比較では高い。それゆえ、プロイセン関税率はドイツ諸邦間の通商上の障害となった。

こうしてプロイセン関税法は激しい非難を浴びる。諸邦はプロイセン関税同盟に加わるか、さもなければ高関税の報復措置をとるかの二者択一を迫られたのだ。前者のほうが長い目でみると国益に適うようだが、プロイセンと他諸邦との経済的条件が必ずしも一致しないため、いますぐというわけにもいかない。結局、プロイセン関税同盟に加盟したのはヘッセン＝ダルムシュタットのみであった。南ドイツの有力国バイエルンは隣国ヴュルテンベルクと組み、南ドイツ関税同盟を結成した。よって、ドイツの北と南に二つの関税同盟が並存することになった。

さらに、この二つに対抗して三番目の関税同盟が結成された。すなわち、一八二八年九月、ザクセン、ハノーファ、クールヘッセン、ナッサウ、テューリンゲン、ブレーメン、ハンブルクが加わって結成された中ドイツ関税同盟がそれである。

こうして、ドイツはバラバラの経済圏から北・中・南の三ブロックの経済圏にまとまったが、これでもって通商が円滑に進むというわけでもない。ブロックごとのセクショナリズムのマイナス面が出てかえって協調は困難になった。とくに支障を来したのは、中ドイツ同盟のうち最奥部に位置するクールヘッセンとテューリンゲンである。

一八二八年、プロイセン＝ヘッセン同盟はまず南ドイツ同盟に交渉をもちかけるが、プロイセン嫌いの両国はなかなか譲歩しない。いっぽう、プロイセンは中ドイツ同盟にも圧力をかけていた。テューリンゲンの二つの小邦マイニゲン〜コーブルク間に、プロイセンが負担するという条件で南北縦断道路の建設を提案した。プロイセンの意図は、ライバル諸国を通過する商品の流れを妨害するところにある。この魅力的な話に乗った二邦は関税を支払うことなく、商品を南北に輸送できるようになった。これが中ドイツ同盟にとっての最初の打撃となる。

関税同盟の統一に向けての第二弾はフランス七月革命とともに放たれた。革命の余波を受けたザクセンで旧政府が転覆され、人事が一新された。また、クールヘッセンでも、前々から国民に人気がなく、関税同盟の結成に反対していた侯爵が失脚する。これで障害が一挙に消えた。まず、クールヘッセンがプロイセン＝ヘッセン関税同盟に加わり、つづいてザクセンとテューリンゲンもこれに加盟。一八三三年になると、最終的に南ドイツ同盟との間にも合意が成り、翌三四年一月一日をもってドイツ関税同盟が成立することになった。その報に接したバーデン、ナッサウ、ヘッセン＝ホンブルクもこの同盟への加盟を決めた。

しかし、全ドイツの経済的統一という観点からみるとそれでもまだ不完全であり、オルデンブルク、ハノーファ、ホルシュタイン、そしてハンザ諸都市が未加盟のままに残った。これら北西ドイツ諸邦は北海の沿海部に広がっており、それゆえ、ドイツ関税同盟は北海へのアクセス路をもたなかった。この事実のなかにも、北西ドイツ諸邦およびハンザ諸都市にたいするイギリスの影響力を認めることができよう。これら未加盟国はいずれも農業国であって農産物の国際競争を恐れなかったし、製造品の輸入についてはイギリスから供給を受ければそれでよかったからだ。また、ハンザ諸都市は取引量さえ増えればそれでよく、そのため自由貿易を欲し、商品課税にはいっさい反対の立場を貫いた。

だが、さすがに一八五〇年代になると、成長著しいプロイセンの経済力と関税同盟の繁栄を前にして、ハノーファとオルデンブルクももはや孤高の立場を維持することができなくなっていく。

こうして、鉄血宰相ビスマルクの登場とともに、関税同盟の完成はドイツの政治的統一の課題を相補うかたちで一挙に進むことになる。

2　フランスの妨害

ドイツが関税同盟の結成に向かっているとき、フランスはこれを傍観しなかった。フランス外交の伝統的指針は何であれドイツの統一を妨げることであったからだ。

一八一八年のプロインセン＝ヘッセン関税同盟の成立はまだ純然たる国内問題で、規模も小さかったため、フランスはこれを看過した。だが、二〇年代初頭から始まる南ドイツ同盟の結成への動きには警戒心を強める。当時、厳しい保護貿易政策をとっていたフランスは関税率の引き上げにより、フランスと南ドイツ諸邦との通商を制限する挙に出た。

南ドイツ諸邦はフランスに関税率の引き下げを要求した(一八二四年六月)。しかし、フランス政界に巣くう頑迷な保護主義者たちはこれが突破口となるのを恐れ、この要求を退ける。翌二五年と二六年にもバイエルンがフランスに引き下げを要求した。バイエルンは隣国オーストリアの支配からの脱却を願い、しきりにフランスの支援を求めていたのである。にもかかわらず、フランスは受けつけなかった。

さらにもう一度だけ好機が到来した。一八二八年一月、バイエルン＝ヴュルテンベルク関税同盟（南ドイツ同盟）が結成されたとき、もしフランスがこれを支持していれば、南ドイツ諸邦に対するフランスの影響力を残すことができたであろう。ミュンヘン駐在フランス大使は本国に「この出来事を利用すれば、ヴェストファーレンの講和以来、フランスがドイツに行使してきた影響力を別のかたち、別の方法で取り戻すことができる」と報告している。だが、このときもフランス政府は冷淡であった。

フランスが自らの方針に少し不安を感じるようになったのは、それより二か月後の一八二八年三月、プロイセンが南ドイツ同盟に触手を伸ばしたときである。もしバーデンがプロイセン関税同盟に加わるようなことにでもなれば、バーデン経由でドイツに向かうフランス商品の流れに支障が生じるのは火を見るより明らかである。こうしてフランスは中ドイツ同盟（一八二八年九月結成、一七か国が加盟）の結成を支持した。

しかし、この支持はリップサービス以上のものではなかった。もしフランスが関税率の引き下げによってこの支持に裏打ちをしていれば、以後のドイツの国家統一への歩みはまちがいなく異なったものとなったはずである。フランス外交官らがしきりに本国に報告していたにもかかわらず、パリ政府はこの警報をことごとく無視しつづけ、むざむざ好機を逃してしまうのだ。

フランスがこうも頑なに保護主義にこだわりつづけたのは、二〇年代後半に改善された対プロイセン関係に水を差したくなかったからである。フランス政府は密かにある期待をもっていた。つまり、このころ露土戦争がもたらした東方問題の処理に際し、列強会議はヨーロッパの領土的修正をするのではないか、あるいは、長くフランスを縛ってきたウィーン体制にひび割れが生じるのではないか、と。復古王政最後の外務大臣ポリニャックは領土修正問題が議事日程にのぼることに備え、プロイセンを刺激することなく、同国との友好関係をできるだけ維持しておく方針でいた。

だが、東方問題を扱うアドリアノープル講和会議はフランスに何の成果ももたらさなかった。こうしてプロイセン寄りの外交政策はまったくの徒労に終わる。そのころ、ドイツ関税同盟に向けての動きは急ピッチで進んでいた。危険を悟ったパリが軌道修正を行おうとしたまさにそのとき、足元で七月革命が勃発した。こうしてフランスは暫時、内憂処理に忙殺されることになる。

革命の左傾化を辛くも免れたフランス七月王政の新政府は、棚上げになっていたドイツ関税問題の対応に立ち戻る。新政府はプロイセンの策動を牽制するため、オーストリアにバイエルンと関税同盟を結ぶよう勧めた。しかし、墺宰相メッテルニヒはフランスの助言に耳を貸さなかった。

こうして、フランスに頼みとして残ったのは中ドイツ同盟のみとなる。しかし、時すでに遅く、関税同盟の統一に向かう流れを変えることはできなくなっていた。フランスの支持を受けていた中ドイツ同盟は一八三三年の初めに瓦解した。

こうなると、フランスの利益を守る道はもはやただ一つ、ドイツ関税同盟と直接交渉して、仏独双方が互恵を前提に保護主義の諸措置を緩和することであった。

しかし、基本的に大ブルジョアジーと地主を支持基盤とする七月王政にとって、保護主義との決別はもとよりできない相談であった。保護主義の緩和どころか、政府は一八四一年五月と翌年六月の二度にわたり関税率を引き上げる。ドイツは報復措置として四二年九月、装身具類・ブランディ・手袋・壁紙の関税率を引き上げた。言うまでもなく、これらはフランスの主輸出品である。それでも交渉だけは辛抱強くつづけられたが、妥結にはいたらず、そのまま独仏ともに一八四八年の動乱の時期を迎える。四八年はヨーロッパの革命の年である。フランスも、プロイセンも、オーストリアも内憂処理に忙殺され、関税問題どころではなくなった。

やがて、ヨーロッパの政治状況が落ちつくと、関税問題が再浮上する。そのころ、フランスに共和主義の新政府が誕生していた。一八五〇年の春、フランスとドイツ関税同盟の間に譲歩の兆しが生まれたが、交渉の最中に急転したドイツの政治情勢が前提条件を根本的に変えてしまう。ドイツ統一の主導権争いをめぐる普墺の激しい衝突を前にして、パリは厳正中立の態度を余儀なくされ、関税問題はまたしても棚上げとなった。

第６節　大小二つのドイツ

一八一五年から四八年まで、オーストリアとプロイセンの対立はそれほど深刻なものではなかった。ドイツ統一運動の主導権争いが両国の対立の主因であったが、その後、統一運動そのものがかつての勢いを失っていたからである。国内に非ドイツ系民族を多数かかえるオーストリアはもともと統一運動に積極的でなかったし、中小のドイツ諸国は関税同盟のような経済的な統合はともかく、主権放棄に直結するような政治的統合には消極的姿勢をとりつづけてきた。

ところが、ドイツ三月革命後になると、両国関係はにわかに険悪なものに転じていく。この革命によってドイツ諸国の旧体制が崩壊していくなかで、ドイツ統一運動が息を吹き返した。フランスに近い西南ドイツ諸国が運動の推進役となる。その結果が、一八四八年五月に招集されたドイツ憲法制定国民議会（通称「フランクフルト国民議会」）である。以前と異なり今度の運動は、勝利した自由主義による力強い支持があった。

しかし、一八一五年に起きたことは一八四八年にも起きた。つまり両大国の鍔競り合いでこの議会は立往生してしまうのだ。この経過は二段階に分かれる。

最初の段階ではフランクフルト国民議会の穏健派と急進派が激しく対立する。急進派が君主制の否認を前提として単一ドイツ共和国の結成を主張したのにたいし、穏健派は、諸国政府が主権を保持しつつ緩やかに結合するかたちのドイツ連邦の結成を主張した。

パリの六月暴動の敗報は急進派の勢いを殺ぎ、穏健派を勝利に導く。ここから第二段階が始まり、いわゆる「大ドイツ主義」と「小ドイツ主義」が鋭く対立する。同年一〇月、国民議会はオーストリアをドイツ連邦の盟主に選んだ。ところが、翌年三月になると、同じ国民議会はプロイセン国王を世襲のドイツ皇帝に選出するのだ。この半年間に何があったのであろうか。

最初、盟主になることを要請されたオーストリアは「大ドイツ主義」を主張した。すなわち、オーストリアは国内の非ドイツ系民族を含めたままドイツ連邦に加盟(いわゆる「七千万人帝国」)し、その盟主となることを望む。だがこうなると、この連邦国家はもはやドイツ人の国家ではなく、〝中部ヨーロッパ合衆国〟になってしまう。これではドイツ・ナショナリズムを満足させる回答とはならない。

こうして国民議会は、プロイセンが主張する「小ドイツ主義」の連邦で我慢せざるをえなくなった。同議会は一八四九年三月二七日、ドイツ帝国憲法を採択し、プロイセン国王を世襲のドイツ皇帝に推挙する。だが、プロイセン国王は帝位に魅力を感じつつも、議会がつくりあげた憲法に従って帝位に就くことは国民主権につながるとして、この申し出を拒絶した。

結果は無惨！　帝国憲法は宙に浮き、国民議会は解散してしまう。結局のところ「大ドイツ主義」も「小ドイツ主義」も流産したのだ。

しかし、プロイセン王に未練が残っており、なおも統一への努力はつづけられた。一八五〇年三月、エアフルトでプロイセンの指導のもとで二六か国の代表を集めて憲法制定議会が開かれようとしたとき、ロシアの加勢を得たオーストリアは武力でもって議会の開会を妨害。プロイセンはついにこの計画を断念した(オルミュッツの妥協)。外国の力まで借りてドイツ統一の妨害の挙に出たオーストリアの態度はプロイセンとドイツ諸国に大きな衝撃を与えた。

こうして翌五一年五月のドレスデンで開かれた諸国代表者会議は古いかたちのままのドイツ連邦の復活を決議し、盟主にオーストリア王を選出した。昔と違う点は、普墺二大国の協力がもはや不可能となっていたことである。

政治の道が塞がれても、まだ経済の道は残っていた。普墺両国はそれぞれ独自の関税同盟案をもってドイツ統一を模索する。オーストリアは「七千万人帝国」の経済版を唱え、プロイセンは「小ドイツ主義」の関税同盟の拡大を主張。有力国バイエルンがオーストリアの肩をもてば、ザクセンはプロイセンに味方する。結局のところ、両案に妥協の余地はなく、ともに棚上げ状態に陥ったが、その結果は正反対に分かれるのだ。

プロイセンにとって自案が実現しなくても何ら痛手はなかった。なぜなら、もとの関税同盟がしっかり機能しているからだ。それどころか、両案共倒れによってオーストリアの関税問題への介入を排除できた点こそが幸いとなる。いっぽう、オーストリアには変わらぬ現状しか残らず、プロイセン掌中の旧関税同盟をどうすることもできなかった。

フランクフルト国民議会において、プロイセン代表としてオーストリア代表と激しくわたりあったのがビスマルクである。首相に抜擢されるまでまだ一〇年余を待たねばならないが、彼は国民議会における応酬の経験を通じて、オーストリアの打倒なくしてドイツ統一ありえずの教訓を胸に刻みつけるのである。

第4章　一八一五年のトラウマ

第1節　「大ナポレオン」の凱旋

フランスの復古王政は、ルイ十六世の二人の弟すなわちルイ十八世(在位一八一四～二四年)とシャルル十世(同一八二四～三〇年)の治世である。二人は長期の戦争でひどい衰弱状態に陥ったフランスを引き受け、そこに平和・休息・秩序・繁栄をもたらした。しかし、こうした貢献は国民から少しも感謝されなかった。じっさい、フランスの歴代諸王のなかでこの二人ほど不人気な王はいない。その不人気は政治に由来するのではなく、復位の経緯に原因があった。国民には、外敵の力を借りて王座に返り咲いた国王の浅ましさばかりが目についたのである。

当時のフランス人は一八一五年以来、一種の〝トラウマ〟に罹っていた。フランスに「革命の栄光と征服の夢」が戻らぬ限り、いかなる国家元首も国民から愛されることはなかった。「栄光と夢」が消えたいま、フランス人を二〇年以上もの長きにわたって走りまわらせた、とてつもない使命感や冒険心と、最終的な敗北の意気消沈とが渾然一体となった状態で国民にのしかかる。国民は苦悩のうちに、心底で支配者への反抗心を育む。

内政では点数が稼げないとみたシャルル十世と首相ポリニャックは、イギリスの反対を押しきってアルジェリア征服に乗り出す(一八三〇年六月)。それが上首尾に進行しつつあったやさき、軍隊の留守という間隙を突いてパリに革命(七月革命)が起きた。復古王政は僅か二代一五年で終わり、シャルル十世は再び亡命の途につくことになる。

革命の勃発によって、フランスはまたも一八一五年の危機的状況を迎えた。「革命と征服のフランス」が復活したとみるヨーロッパ列強は神聖同盟からフランスを除名し、直ちに臨戦体制に入った。

しかし、革命は当初、共和政に向かうとみられたが、途中から方向を穏健な道に転じた。すなわち、銀行家ラフィット兄弟の巧みな差配により、ブルボン王家の傍系オルレアン家のルイ＝フィリップが新国王に推挙され、王政が復活したのである。だが、ルイ＝フィリップは自らの意思で「フランス国王」ではなく「フランス人の王」を名乗った。いっぽう、革命から生まれた王であることを装うため、三色旗を国旗に採用した。フランスの王が「自由」「平等」「友愛」の精神を奉じるというのだ。ルイ＝フィ

ルイ＝フィリップの到着

リップにしてみれば、そこにジレンマがあった。革命派に迎合しなければ王座から転落するのは火を見るより明らかであり、また、そうした態度を取りつづければ列強の警戒心を掻き立てることも明白。そこで彼が考えたのは、当面、民主主義を守るふりをしながら、寝返りのタイミングをはかることであった。

三色旗を掲げる国王とは少々、度が過ぎていた。ルイ＝フィリップが統治を始めると、たちまち誤解と騒動が巻き起こる。新政権は軍隊の力で民衆暴動をひとまず抑えこむことに成功。数々の人民結社の早まった蜂起行為が弾圧の口実を与えた。しかし、これは一時の沈静化にすぎなかった。

七月王政は徹頭徹尾、大革命とナポレオンの亡霊に取り憑かれる。七月革命の存立基盤は「一八一五年体制」の打破にあり、この遺恨を晴らすことが、新政府に課された第一の使命である。もう一つの使命としての革命の遂行はもともと新政府の望むところではない。だとすれば、国民を統合し、かつ王政を安泰にする方法はもっぱら民族的排外熱を煽ることであった。そこで、七月王政はナポレオン崇拝熱を利用することを考えつく。

一八四〇年の春、イギリスの好意により、セント＝ヘレナ島に眠るナポレオンの遺骸の祖国への帰還が認められた。同年五月、議会は熱狂のうちに同島に派遣団を送ることを決議した。団長は王太子ジョアンヴィル公である。遺骸を納めた金色の巨大な柩車は同島からシェルブールを経由し、セーヌ川を溯って首都への道を急ぐ。一八四〇年一二月一五日、パリで盛大な帰還式典が挙行された。町中が空っぽになるほどの大群衆——百万人と言われる——がアンヴァリード広場に詰めかけ、雪中を進むこの行列に熱い視線を送る。柩車が現れると、一斉に「皇帝万歳」の大喚声が挙がった。

ルイ＝フィリップはナポレオン伝説に媚ることにより、自己の基盤を固めようとしたのだが、これは藪蛇となる。民衆は王を支持せず、昔日の思い出のみを蘇らした。こうして、それまで無名の存在のボナパルト派は公的に認知され、やがてナポレオン三世の即位の準備に取り掛かる。ボナパルト派と、欺瞞的王政に業を煮やす共和派とは七月王政反対という点で一致し、手を結ぶにいたる。前者は国民に「一八一五年体制」の即時破棄を訴え、後者は民主主義の実現を約束した。

フランスの民主派は、七月革命が鼓舞した諸外国のナショナリズムにたいし、七月王政そのものが中途半端な態度をもちつづけていることに苛立っていた。だが、政府が一度だけ積極行動に出たことがある。それはベルギー独立の支援である。

ウィーン条約によりオランダは旧オーストリア領ネーデルラント(フランドル)を併合し、オランダ王国となっていた。しかし、もともと宗教・文化・経済の点で明確な違いをもつオランダとフランドルが単一国家をなすには無理があり、南部を中心に独立の機運がもちあがっていた。

七月革命の報がブリュッセルに届くと、反射的に独立反乱が起きた。これから生まれたベルギー臨時政府はフランスに援助を求めてきた。ベルギーの独立が「一八一五年体制」の崩壊に連なることを期待し、七月新政府はこれを支援しようとする。しかし、単独行動は危険との判断から、当面、諸外国の出方を見守ることにした。

イギリスのホイッグ党内閣がまず、ベルギー独立の承認に踏みきった。オランダは反乱鎮圧という既成事実をつくろうとし、先に軍を動かした。独立軍はたちまち窮地に陥る。これを見てフランスは軍隊をベルギーに進め、オランダ軍を撃退した。

かくて一八三一年一〇月一四日、ロンドンでの「二四か条協定」の成立により、永世中立を条件にベルギーの独立が承認された。

ヨーロッパの領土変更はこれだけのことであったが、一八一五年のフランス包囲網の一角に初めて穴があいた。ベルギーの初代国王レオポルト一世はルイ=フィリップの長女と結婚し、フランスとベルギーの事実上の同盟関係が成立する。一九一四年のドイツ軍の怒濤の前進を阻むことになるのが、この中立国ベルギーである。

復古王政と七月王政の三三年間を通して、パリの政府は自由主義の運動に味方しなかった。だが、外国のナショナリズム運動にたいしては密かに期待をかけていた。本来、一九世紀初頭のヨーロッパを襲った自由主義とナショナリズムは一体となって諸国民に決起を促したのだが、フランス政府は後者のみを鼓舞したのだ。このため、フランス外交は一貫性を欠くところとなる。フランス政府のこのような煮えきらない態度について、外国政府とそれに敵対的な民衆の双方が苦々しい眼で眺めていた。

第2節　一八四〇年の危機——ティエール

1　現実主義の政治家

ルイ・アドルフ・ティエール(一七九七〜一八七七年)は一九世紀独仏関係史のキーマンである。まず、彼の略歴をみていこう。

ティエールの政治的経歴は長く、王政復古期の一八二〇年ごろから死の直前までの五〇年以上にもわたる。その間ジャーナリスト、七月王政の大臣と首相を経て、第二共和政下の有力政治家、第二帝政下の野党議員、第三共和政下の初代行政長官(事実上の大統領)を歴任。つまり、彼は一九世紀フラ

ティエール

ンスの目まぐるしい有為転変のなかを、つねに野党および与党の有力政治家として——と言うよりも大政治勢力の一方の旗頭として——駆け抜ける。独仏関係史の観点から言うと、とくに彼の政治家としての晩年が重要である。後述するように、彼は独仏戦争の開戦と終戦に重要なかかわり方をする。

　ティエールが空論家でなく現実的な政治家であったことは明らかである。彼は国威回復と個人的出世欲に燃える、きわめて柔軟な政治家であった。彼は驚くほどに透徹した知性をもち、良きこと、悪しきことをすべてそのまま理解し、必要とあらば、あらゆることを断行する意志をもっていた。人はこの傾向をみて「政治的カメレオン」とも言う。

一八三六年、首相の地位に上りつめたティエールは大陸諸国との協調路線を敷く。彼自身、国民の与望が覇権国家フランスの再現にあることは百も承知していたが、いまはその時ではないことを心得ていた。フランスに必要なのは大陸でパートナーを見つけることであった。

ティエールは保守主義のオーストリアを格好なパートナーと見なす。彼はハプスブルク家の王女とルイ＝フィリップの息子ジョアンヴィル公との結婚を画策した。しかし、メッテルニヒ支配下のオーストリア宮廷はこの申し出に魅力を感じつつも、最終的に拒否回答を送ってきた。ティエールが事を急ぎすぎたため、王太子の機嫌を損ねたのである。

この失敗は彼の責任問題に発展する。ティエールはメッテルニヒを恨み、やがて傷ついた自尊心を自らの政治体系のなかに繰り込み、自由主義への荷担を決意する。彼は報復の念から、スペインの内乱にフランスがイギリスと組んで干渉し、スペインの急進派に肩入れすることを提案。さすがにルイ＝フィリップはこの提案を撥ねのけ、ティエールを罷免した（一八三六年九月）。

「フランス人の王」ルイ＝フィリップはティエール以上に無定見であった。側近が勧める「君臨すれど統治せず」の原則に同意しつつ、実際はその逆を行って政治の実権を握りたがった。ティエールの後釜に据えたモレ、その次のスールトは王にとって動かしやすい凡庸な政治家であり、この二人は議会内の野党勢力を助長するだけに終わった。王に恨みをもつ者が与党のなかにもいたのであり、罷免の辱めを受けたギゾー、ブロジル公、ティエールらは同盟して公然と王に反旗を翻す。もはや王憎しとする点では、与党も野党もなくなったのだ。

こうして、彼ら三人は一八四〇年のフランスの国際的事件に共同の責任を帯びることになる。

2 「東方問題」

一八四〇年三月、ティエールは政権に返り咲いた。その彼が最初に行ったのが前述のナポレオン遺骸の帰還儀式である。ルイ＝フィリップはナポレオン崇拝熱の惹起を懸念したが、結局、押しきられてしまう。じっさい、この式典以降、ナポレオン皇帝の栄光が国民に刻みつけられていくのと対照的に、「フランス人の王」ルイ＝フィリップの惨めさが目立つようになる。

最初の首相就任時には対外積極外交を見送ったティエールであるが、今度は時機到来とばかり打って出る。折りから「東方問題」が再燃した。

「東方問題」のあらましを述べておこう。オスマン＝トルコの宗主権下にあるエジプト総督メヘメット・アリが独立を企てたのを機に、イギリスとロシアが干渉して起きた一連の紛争を「東方問題」と言う。フランスもウィーン体制の打破を狙って干渉に加わる。これは一八三〇〜三一年の第一次紛争と、三九〜四〇年の第二次紛争に分かれるが、第一次の英仏協調にたいして、第二次の英仏対決の違いがある。第一次紛争では、ロシアの南下を恐れるイギリスはエジプトの肩をもち、トルコ＝ロシア同盟に敵対する。ところが、このイギリスは第二次紛争になると、フランスがエジプトに荷担したのをみて、露・普・墺とともにトルコ支持にまわった。ティエールが直面したのは第二次紛争のほうである。一八四〇年七月一五日のロンドン条約で英・露・普・墺の四国はエジプト総督メヘメット・アリにたいし、シリア北部、メッカ、メディナ、クレタ島をトルコに返還するよう要求。アリにしてみれば、前の紛争でイギリスの加勢を得てトルコから獲得した領地を返せという理不尽な要求には素直に応じきれないのは当然で、アリはこれを拒絶した。

驚いた点ではフランスも同じである。フランスは何ら相談を受けていない、知らぬ間に「ワーテルロー同盟」が再結成されていたのだ。ティエールは敢然とメヘメット・アリを支持する。パリの新聞は沸きたち、首相に大喝采を送る。ティエールは、まさに全ヨーロッパを相手とするフランスの戦争に直面した。フランス人にとって大革命と帝政の思い出がどっと蘇る。彼はおそらく本気だったのであろう、ナポレオン気取りで自室に籠り、地図と首っ引きとなる。しかし、戦争はルイ＝フィリップによって回避された。

四対一の勝ち目のない戦いを避けたという意味で、国王は正しかったはずである。熱狂の虜となった世論が国家を破滅に向かわしめるというのは歴史上よくあることである。だが、世論と真正面から衝突した代償は大きく、国王は臆病者呼ばわりされ、七月王政の威信は地に墜ちた。このときの軟弱姿勢が王政の命取りの伏線になったことはまちがいない*。

ティエールは辞表を提出する。しかし、このときのルイ＝フィリップは冷静であった。ティエールを斬って捨てるのは簡単かもしれないが、外国の威嚇で首相が仕事を投げ出したと言われるのを望まず、国王はティエールに辞表を撤回させたうえ、名誉ある協定書の作成を命じた。この協定書のおかげで、単独でイギリス軍と激突・敗退したメヘメット・アリはシリアの返還を条件にエジプト総督としての地位が保障された。フランスにも翌年七月、五か国条約の調印国としての地位が与えられた。名誉ある撤退の道を歩みながら、ティエールはこの役目に恥辱を感じた。彼はなお議会で「全ヨーロッパを敵にして戦いたい」と空威張りの演説をぶつ。この態度をみて、ようやくルイ＝フィリップは彼の更迭を決断した。

ティエールは七月王政の政治を通じて二つの重要な役割を演じた。まず第一に、ナポレオンの亡霊を墓から呼び戻したことである。以後、甥のルイ＝ナポレオンを首領に戴くボナパルト派が政治的権

＊歴史はときおり皮肉な結果を生む。三〇年後の一八七〇年七月、「エムス電報事件」によって普仏関係が緊張したとき、敢然と反戦論を唱えたのはティエールその人である。今度は彼が卑怯者呼ばわりされるのだが、開戦後のフランス軍のあっけない敗退でその炯眼の正しさが実証され、すぐに政治的復帰を遂げる。

「東方問題」に関して、もう一つだけ皮肉なエピソードがある。ティエールは戦争に備え、パリの周囲に延々三六キロメートルの防壁を張りめぐらした。戦争が回避されたため、これは用をなさなかった。しかし、一八七一年のパリ・コミューン内乱のとき、鎮圧のためティエールが差し向けた政府軍の前に立ちはだかったのがこの城壁である。

利を獲得する。ティエールは政治的にうぶなこの男を利用できると思うが、実際はティエールのほうが翻弄されるであろう。

第二に、ティエールは「四〇年危機」を通して全ヨーロッパに敢然と挑戦し、それによって、ドイツのナショナリズムに火を放った。それまでは、フランスの公人のだれ一人として表立っては言わなかったことを、首相の地位にある者が高らかに宣言したのである。冷徹な眼をもつメッテルニヒは皮肉を込めてこう言った。

「ティエール氏はナポレオンと比較されたがっている。いかにも、ドイツについて言えば、類推は完全である。勝利の栄冠はティエール氏の頭上に輝くだろう。一〇年に及ぶ皇帝の支配下に置かれた抑圧の経験から、この国を導くには、ほんの僅かの時間さえあれば十分であるだろう。」

ギゾーはティエールの宣言に仰天し、この危険人物と即座に袂を分かつことを決心する。以後、彼は虚心坦懐な態度で、悪評芬々のルイ＝フィリップに協力することにした。ギゾーはこうして七月王政の終焉と運命をともにする。彼の模索する外交方針は「一八一五年体制」に戻ること、つまり列強との協調路線であった。ギゾーは国内的に不人気のもととなることを百も承知で、敢えてこの政策への回帰を決断したのである。

第3節　「扶墺滅普」政策への回帰

残余期間の少なくなった七月王政下で、いま一度だけフランスとオーストリアの協調路線が浮上する。どうして仏墺接近が生じたのであろうか？——イタリアが促したからだ。

イタリアはいつも紛争の火種をかかえていた。ここに統一国家はまだないが、ナポレオンによる蹂躙以来、統一国家への動きはずっとつづいていた。その中核は南イタリアのナポリ王国、北イタリアのピエモンテ＝サルデーニャ王国、そして各地の民主派による統一運動グループであった。いっぽう、保守主義の鑑のようなローマ教皇が中部イタリアに鎮座し、統一運動反対の中心勢力を成していた。

ウィーン条約によりオーストリアの宗主権が北イタリアに及んで、事態はさらに複雑となる。その条約は現状維持を看板にしており、領土的ないし政治的変更は何であれ、これをいっさい認めなかった。

統一運動は一進一退を繰り返していた。一八四六年、名僧の誉れ高いピウス九世(在位一八四六〜七八年)が教皇に選出されるに及んで、事態は急に動きだす。この教皇はイタリア統一運動に賛意を表明し、自ら関税同盟を訴えるなどして周囲を驚かせた。イタリア人の間に興奮と感動の渦が巻き起こった。

ウィーン体制の番人オーストリアはすぐに軍事介入に乗り出そうとしたが、イギリス首相パーマストンが一石を投じた。すなわち、イギリスはオーストリアのイタリア干渉に反対であると宣言。そこで、オーストリアはフランスに加勢を求めてきた。

オーストリアは、同国に代わりフランスがイタリア問題を処理することを要求した。なぜなら、オーストリアはイタリアで信用がなかったからだ。いっぽう、フランスはイタリアではまだ未知数の魅力をもっていた。ナポレオン劫略という前科はあったが、フランスの自由と平等の思想はここで非常に人気があり、それゆえ、フランスはイタリアの民主派と自由主義派の慰撫にはうってつけの役まわりであった。

フランスは承諾の条件として、オーストリアにドイツ問題の処理を付託した。ドイツでフランスは信用がなかったからだ。その一挙手一投足はつねに猜疑の目で見られていた。もしオーストリアがドイツ問題を引き受けることになれば、ドイツの国家統一は遠のくことが期待される。

ギゾーとメッテルニヒのこの同盟計画は仏墺両国の将来を考えれば、これ以上はないと思えるほど優れたプランである。思うに、次代のナポレオン三世は一八五九年と一八六六年に、まさにこのプランの正反対を実行することによって、フランスを一八七〇年の大破局に導くことになる。すなわち、一八五九年、フランスがイタリア干渉に乗り出したのはオーストリアを敵としてであったし、一八六六年、オーストリアがプロイセンと激突したとき、フランスはオーストリアに手を貸さず、これを見殺しにした。

実際は仏墺同盟は頓挫するのだが、それは直接的には一八四八年のフランスの二月革命とドイツの三月革命のせいである。たしかに、これらの騒乱は仏墺蜜月関係をぶち壊しにした。だが、それだけの理由では、何か物足りないものが残る。

破綻の真の原因は、仏墺いずれの側においても国民が仏墺同盟を欲しなかったところにある。それはフランス革命直前および直下の政治構図に似ている。すなわち、フランス人はオーストリアの反動政治を、オーストリア人はフランスの革命思想をそれぞれ嫌っていた。また、フランス人は自国政府の平和主義を、オーストリア人(国内のドイツ人)は政府のドイツ統一への消極的姿勢をそれぞれ不満に感じていた。だから、二月革命と三月革命なのである。

一八四八年のヨーロッパ全体を巻き込む騒乱のきっかけとなったのはパリの二月革命である。パリの革命のニュースが飛び込むと、ウィーン体制以来、溜めこまれていた鬱憤はドイツ、イタリア、ポーランドでもほとんど同時に爆発した。それは山彦となってパリに反響する。「ポーランド万歳！」「イタリア万歳！」の叫び声はフランス外務省の窓下、キャプシーヌ街で起きた。それはルイ＝フィリップとギゾーの政策への抗議行動であった。抗議は主に制限選挙制に向けられていたが、それは上辺だけのことで、本当の不満は政府の屈辱外交、「一八一五年体制」への恭順姿勢に向けられていたのだ。

このとき、ギゾーの宿敵ティエールはどうしていたか。ティエールは一八四七年以来、民族主義の支持の立場を明らかにし、積極外交——覇権主義と言ったほうがよいだろう——を唱えていた。言うところは、ルイ＝ナポレオンの綱領と変わるところはない。それゆえ、ルイ＝ナポレオンを政権につけたのと同じ力がティエールにも作用する。ギゾーが亡命せざるをえなかったのにたいし、ティエールはその前歴にもかかわらず二月革命を生き延びるのだ。

第5章　スダンへの道

第1節　一二月二日の男

ドイツで普墺対立が再燃したとき、フランスでも政変が起きていた。二月共和政のあとに帝政が再開し、皇帝ナポレオン三世が君臨していた。彼は一八四八年の革命の嵐の最中、幸運な風の吹きまわしで権力の座に就いたのであった。彼は二月革命より僅か八年ほど前に謀反を起こし、そのかどで終身禁固刑の判決を受け、要塞の牢獄に繋がれていた。その彼がいつの間にか権力の絶頂に登りつめたのである。強運のもとは「ルイ=ナポレオン」という名にある。

ナポレオン一世の甥として生まれたルイ=ナポレオンは当初、帝位継承権者としての順番はとうてい回ってきそうにもない位置にいた。だが、ボナパルト家の正統相続人が次々と死去することによって彼にお鉢がまわってくる。これまた強運の証しである。

一八〇八年生まれのルイ＝ナポレオンは、叔父の大ナポレオンがセント＝ヘレナの孤島に島流しとなったとき七歳であった。一八一五年の政変によりこの皇子は国外亡命を余儀なくされる。それは没落王統の宿命として何ら特異なことではないが、その後の彼の足取りは一風変わっている。スイスに落ち着いたルイは革命家のル・バから教育を受け、やがて砲兵士官の修行を積み、イタリアでカルボナリ党に入り蜂起事件にかかわる。そして一八三三年、ボナパルト家の正統相続人となった彼は政権奪取の蜂起を試みるが（ストラスブール事件、一八三六年一〇月）、惨めにも何の反響も得られず南米に追放される。次いで彼は合衆国に渡り、イギリスを経てスイスの母のもとに戻った*。

そして一八四〇年八月、僅か四七人の同志を率いて二度目の蜂起「ブーローニュ事件」を起こした。この無謀な企てはある計算に基づいていた。すなわち、大ナポレオンの遺骸をセント＝ヘレナ島から帰還させる大事業（既述）が着々と進行中であった。フランス全土がナポレオン熱に包まれる。ルイ＝

＊ヨーロッパの王（皇）族にして、ルイ＝ナポレオンのような経歴をもつ者は珍しい。陰謀組織に身を置いたり、傭兵隊長であったり、自らの手でパンフレットや論文を執筆をしたりしているのだ。亡命中の一八三九年、彼は「ナポレオン的観念」と題するパンフレットを執筆し、ストラスブール事件の罪でアン要塞での服役中に「貧困の絶滅」と題する論文も書いている（一八四四年）。また、帝政を再開してからは、彼は亡命中に温めていたプランに基づきパリの都市再開発を実行した。今日のパリの都市景観は彼に負うところが大である。

ナポレオンの冒険はこの熱狂の過大視から生まれた。ナポレオン熱はある程度、政府の計算に入っていたが、「ブーローニュ事件」は完全に慮外の出来事であった。ボナパルティスム再興のムードが予想以上の盛り上がりをみせたことに不安感を募らせた政府は、「ブーローニュ事件」の愚挙をもっけの幸いとばかり利用する。政府はルイを牢獄に繋ぐことによってナポレオン熱を封印できたものと信じた。だが、ルイは六年後にそこを脱出し、姿をくらましてしまう。

歴史においては偶然と必然はどこか深いところで手を結んでいるものである。国家反逆罪の再犯ということで、ルイ＝ナポレオンは処刑されてもおかしくないのに、そうならなかった事情——「殉教者」はかえって崇拝熱を拡げる恐れがある！——は二月革命を迎えても何ら変わっていなかった。この間、ナポレオン熱はいっこうに衰えなかったのだ。

ルイ＝ナポレオンが共和国初代大統領に選出されるまで、二月革命下のフランスでは臨時政府の失策が連続し、政局は揺れに揺れていた。その揺れ幅が大きくなればなるほど、国民のルイ＝ナポレオンへの期待は膨れあがる一方だった。国民はとにかく政局の安定を望んでいた。二月革命の最中、ロンドンに亡命中のルイはパリの騒動と無関係で、まったく手を汚していなかったことも彼に幸いする。

二月共和政の議会多数派がブルジョワジー本位の政治をめざしたのにたいし、ルイ＝ナポレオンは全階級の統合と調和の政治をめざす。彼は、革命の騒乱が切り裂いた国民対立を除去することこそが政府の本務だと説く。いっぽう、国民に向かってはフランス人として誇りある行動をなすよう説いた。

引き合いに出されたのが大ナポレオンの偉業である。国民は大ナポレオンの盛名のなかに強権・安定・栄光を想起する。

二月共和政の第一回大統領選挙で圧勝したルイ＝ナポレオンは、ちょうど三年後の一八五一年一二月二日、議会多数派との争いに決着をつけ、自らの政権を安定させるためクーデタを敢行する。ここから、彼は「一二月二日の男」という異名をとる。彼の政治行動にはたぶんに大ナポレオンへのコンプレックスが滲み出ているが、この一二月二日は大ナポレオンのアウステルリッツの戦勝記念日(一八〇五年)に当たる。過去二度までも迷ったあげくクーデタの決行を延期したルイ＝ナポレオンが、わざわざこの日を選んだのはけっして偶然ではない。彼はまた一年後に、またもこの日を選んで帝政を開くのだ。

第2節　「帝政は平和なり」

ルイ＝ナポレオンは晴れて皇帝ナポレオン三世を名乗る。皇帝の一八年にわたる政治の基本線は次の三点、すなわち、①長くフランス社会を切り裂いた分裂状態を修復すること、②経済・社会的安寧を推進すること、③フランスのためにヨーロッパでの地位を回復すること――に要約することができる。この三つの目標は相互に関連しており、どれ一つを欠いても他が成り立たない。

新皇帝は当分の間、強権政治を続行することを宣言する。すなわち、過去五〇年に及ぶフランス社会の痙攣を和らげ、分裂状態を終わらせるために、堅固で効率よく秩序正しい政府が存在しなければならないのである。

ナポレオン三世の掲げる実行プログラムは三つから構成される。その第一は秩序・宗教・所有権の尊重であり、これによってブルジョワジーと農民を満足させる。第二は普通選挙と社会福祉政策の実行であり、これによって労働

ナポレオン三世

者・職人を満足させる。第三はナショナリズムの政策の遂行であり、これによって国内のあらゆる政治勢力を満足させる。大ナポレオンの栄光が再現できれば、国民の宥和と安寧は絶対的境地にまで達するのだ。

彼は帝政再開を直前にした一八五二年一〇月初め、遊説先のボルドーで「帝政は平和なり」の演説をぶつ。ナショナリズムの政策を徹底すれば、列強との衝突は避けられない。そこで、大ナポレオンの帝政を継承するに当たって、列強にたいしてあらかじめ、帝政のフランスは大ナポレオンのような征服を行わないと宣言したのである。

にもかかわらず、彼の治世は最初から最後まで戦争で彩られることになる。ナポレオン戦争終結以来ナポレオン三世が登場するまでは、ヨーロッパの紛争でフランスが軍事力を行使したのは唯一ベルギー独立のときに限られた。ところが、第二帝政の一七年間には、①クリミア戦争、②メキシコ遠征、③仏墺戦争、④イタリア干渉、⑤普墺戦争(仲裁)、⑥独仏戦争と、実に六度を数える。まさに「帝政は平和なり」の正反対である。

ルイ＝ナポレオンの性格ははっきりしないとよく言われる。いろいろ矛盾に満ちた行動を繰り返すのだが、外交においてもっともそれが顕著に出ている。戦争は皇帝の本意なのか？　それとも不本意の偶発事なのか？——の疑問符がつねにつきまとう。これに明確な回答を与えるのは難しい。彼の臆病で神経質な気質を加味して考えると、戦争は半分本意、半分不本意となるであろう。

ルイ＝ナポレオンはしきりに紛争解決を国際会議に委ねることを提唱する。そして、彼が世界で初めて軍縮会議を提唱した人物であることも注目に値する。それはともかく、彼の国際政治の状況判断はたいていまちがっていたし、手詰まり状態に陥って紛争に介入するばあいの〝読み〟もたぶんに甘かった。彼は独善的な態度で紛争処理に当たり、何が何でもフランスの国益優先を貫こうとしたため、調停どころか、本格的な戦争を誘発してしまうことが少なくなかった。

しかも、彼の行動で解せないのは、いざ戦争が始まるとき、あるいは戦局が天王山を迎えるときは必ずと言っていいほど躊躇し、ときに中途で兵を引いてしまうことである。このような児戯にも似た他愛なさ、臆病風、比類なき暴力行使など正反する行動が連続するために、皇帝の性格や道徳観にたいする判断はいっそう難しくなるのである。

その彼が一つだけ終始断固とした態度で臨んだ戦争がある。それは、ロシアを敵として戦ったクリミア戦争（一八五三〜五六年）である。この戦争がなければドイツ統一もイタリア統一もないと言われる。この戦争はヨーロッパ列強間の勢力均衡を根底から覆した。敗北したロシアは以後三〇年間、ヨーロッパの国際政治の〝重し〟として機能できない状況に追い込まれた。その意味で、クリミア戦争は独仏関係の行方に大きな影を落とした。この戦争はまた、政権掌握直前のビスマルクに政治的な目を見開かせた戦争でもあった。

第3節　クリミア戦争

クリミア戦争にはいくつもの要因が複雑に絡んでおり、これを解明するのは容易ではない。だが、ロシアの南下政策、トルコの強硬策が戦争勃発の要因となったことは否定できない。当初は露土間のいつもの紛争と同様、すんなりおさまっていく可能性もあったが、実際には英・仏・伊・土をまじえた本格的な戦争に発展していく。英仏ともに威嚇だけでロシアは折れるものと読んでいた。イギリスのアバディーン内閣は武力仲裁程度の軽い気持ちで艦隊を派遣したのであり、本格的に介入する意図をもたなかった。フランスも当初は、全面戦争を回避しつつ、久々にヨーロッパの大国として政治的影響力を行使できるものとみていた*。

本格的戦争に発展した真の原因は、ナポレオン三世が非妥協的な意志をもっていたことにある。彼がほんのジャブ程度のつもりで繰り出した拳は国内で意外な反響を招く。帝座に就いて間もない彼に拍手喝采の嵐が巻き起こったのだ。ロシアのツァーリズム(専制政治)はフランスでは反発を買ってい

＊この地域紛争がナポレオン戦争以来の大規模な戦争に発展していった理由として興味深い説がある。それによると、ウィーンに集まったヨーロッパ列強首脳はその合意事項を直ちにトルコ政府に伝達できず、トルコは早まって武力行使をしてしまったと言う。なぜなら、イスタンブールには電信設備がなかったからだ——。おもしろい理由づけだが、これは歴史における与件を原因にすりかえる議論ではあるまいか。

た。まるで、フランスの帝政が専制政治ではないかのように、国内の政治勢力の右から左までがこぞってロシアとの戦争を歓迎する。かつて「一二月二日の男」の暴挙を非難し獄中に繋がれていた革命家ブランキでさえ、皇帝のツァーリズムへの威嚇を絶賛。諸新聞が後押しキャンペーンを張る。クリミア戦争は、好戦的な世論が火つけ役となって本物の戦争に発展した最初の例である。

イギリスでも同じように世論は沸騰した。この自由主義の国ではポーランド苛めのロシアはまったく不人気であり、不干渉主義のアバディーン内閣も徐々に世論の力に押されて主戦論に傾いていく。

これはナポレオン三世にとって願ってもないことであった。この新皇帝は、伯父のナポレオンの犯した最大の過ちはイギリスと戦ったことであり、この反省からイギリスとの同盟こそがフランス安泰の道であると確信していた。彼は長い流浪生活の経験を通して、心底からイギリスに傾倒していた。歴史を回顧してみるに、英仏が協調したのは近代はおろか、近世、中世に溯ってもないことだ。英仏は過去二度も「百年戦争」を戦った間柄にある。ナポレオン三世が自己の行動を歴史的快挙とした点は十分理解できよう。こうして、ナポレオン三世は後顧の憂いなく、本腰を入れてこの戦争にとりかかるのである。

英仏両大国が同盟して行う戦争はすぐに勝負がつくはずであったが、ロシアとの戦争は長引いた。いたずらに消耗を重ね双方に厭戦気分が漂ったとき、〝折りよく〟皇帝ニコライ一世が急逝した（一八五五年三月）。これには自殺説も囁かれている。やがて難攻不落のセバストポリが陥落し、休戦への機運が一気に高まる。

パリ講和条約の勝利者はナポレオン三世である。フランスは初めて〝一八一五年の鎖〟から解き放たれ、ヨーロッパの政治への影響力を取り戻した。国内的人気はどうかというと、新皇帝自身の手で掴みとった勝利であるため、それまでの借物にすぎない〝威光〟は彼自身のものとなる。

だが、フランスの勝利は上辺だけのことにすぎなかった。真の勝利者はイギリスであり、イタリアであり、ドイツであった。とくに後二者はロシアの弱体化により外交上のフリーハンドを獲得したのだ。

ロシアの抑制に成功したイギリスは以後、第一次世界大戦までヨーロッパの紛争に介入せずにすむことになった。さらに、クリミア遠征のためにイギリス軍の留守中に起きたセポイの反乱は当初こそイギリスにとって災難であったが、この反乱の鎮圧後はインドを直轄領に編入することによって、植民大帝国への道を歩み始めるのである。

ロシアの後退はフランスにとってマイナスであった。まず、ロシアと疎遠になったことが第一の理由。ナポレオン三世は以後、いく度もロシアのアレクサンドル二世に同盟締結をもちかけるが、ことごとく失敗する。第二の理由は、大陸でのフランスの強大化を望まないイギリスが戦時中のフランスの軍事力に警戒心を強めたことである。そして第三の理由は、背後の脅威から解放されたプロイセンが積極外交を展開し始めたことである。

第4節　ナポレオン三世のジレンマ

クリミア戦争により勢力均衡の崩れたヨーロッパに、再びキナ臭い匂いが漂い始める。ロシアとイギリスが覇権闘争から抜けたいま、にわかに活気づいたのはイタリアとドイツである。イタリアは一八五六年のパリ講和条約から数年後に、ドイツは十数年後にそれぞれ待望の国民国家を完成させる。クリミア戦争を勝ち抜き意気揚がるフランスはこの二つのナショナリズムに積極的にかかわっていく。フランスの干渉の時期的に早かったイタリアが先に統一を完成させ、干渉の遅かったドイツの統一は一〇年も遅れることになり、その意味でフランスは見事な助産婦の役を演じたと言いうる。

こうしたタイミングのずれのほかに、フランスの二つの統一運動への態度が正反対であることを指摘しておく必要がある。フランスはイタリアの統一運動を支援したのにたいし、ドイツのそれは妨害した。それゆえ、イタリアは総じてフランスの干渉を望み、ドイツはこれを警戒する。同じ助産婦の役割とはいっても、天と地ほどの差があるのだ。

1　十字軍の再現

イタリアの統一運動は一八四〇年代に入っても勢いを失わなかった。同時期のドイツの民衆運動が弾圧のせいで根絶やしになり、運動そのものにブレーキがかかったのにたいし、民衆勢力がつねに侮れない力を保持していたイタリアでは、統一運動に切れ目が生じにくい傾向にあった。イタリアの諸侯、諸都市、教皇はいつも、民衆の下からの突き上げに従って統一に向かって駒を進めるか、それとも民衆運動そのものを抑圧するかの二者択一を強いられた。たとえ弾圧で民衆運動はいったん下火になっても、ヨーロッパで革命騒動が起こると、ここではすぐに勢いを盛り返してしまうのだ。

フランスの二月革命の余波はイタリア半島全域に及ぶ。ミラノ、ヴェネチアなどロンバルディアの諸都市にも反乱が拡大する。トスカーナ大公さえも「イタリア再興の時機が来た」と宣言し、反乱を支持した。ピエモンテ＝サルデーニャ（以下「ピエモンテ」と略す）のアルベルト王は列強の干渉を懸念しつつも、各地の反乱に呼応して軍をロンバルディアの諸都市に進めた。

そのとき流れを変えたのはまたもローマ教皇ピウス九世である。それまで民衆反乱を支持していた教皇はオーストリアの威嚇に遭うと、今後、俗事からいっさい手を引くと宣言（一八四八年四月二九日）。教皇の統一運動からの離脱宣言はイタリアの十字軍的な決起にひびを入れた。ナポリ政府は統一運動から降り、ロンバルディアの反乱地域にまで進駐していたピエモンテ軍は立往生する。ピエモンテは仕方なく住民投票を実施し、五月から七月にかけて占領地域を自国領に繰り入れてしまう。

北イタリアに宗主権をもつオーストリアがこれを黙認するはずがない。オーストリアは軍隊を派遣し、七月から八月にかけてピエモンテ軍を撃破し休戦にもち込んだ。オーストリアはピエモンテに原状回復を迫る。アルベルト王は国内の民衆勢力の加勢を得て再挙兵するが、軍事力で劣るピエモンテがオーストリアにかなうはずがない。頼みとするフランスはピエモンテの支援要請をきっぱり拒絶した。こうしてアルベルト王は最終的に休戦を乞うとともに、自ら退位し国外亡命の途につく(一八四九年三月)。王子のヴィットリオ＝エマヌエーレ二世が王位を継いだ。

トスカーナとローマでも民衆反乱により共和政府が誕生したため、それぞれの首長レオポルト二世と教皇ピウス九世は避難していた。しかし、ピエモンテ軍の敗退を境に熱狂はイタリア全土で冷めつつあり、やがてトスカーナ共和政府は瓦解する。残るはローマのみとなる。いまが反撃のときとばかり、スペイン、ナポリ、オーストリアの音頭取りで教皇を救出するための国際的〝十字軍〟の編成が企てられた。フランスにも協力要請が来た。

フランスの二月共和政府の新大統領ルイ＝ナポレオンは最初、躊躇するが、オーストリアの北イタリア進出を牽制する意味をも込めて、ローマへの救援軍派遣を決定した(一八四九年五月)。共和主義のフランスが同じ共和主義のローマを攻撃するというのだ。これは、フランスがイタリアの泥沼に嵌まり込む直接的契機となる。

外国軍の進駐で風前の灯となったローマの共和政府を見て、イタリア全土で「ローマを守れ」の大合唱が沸きあがり、各地で義勇軍が組織された。その一つがガリバルディ軍である。義勇軍は一時フランス軍やナポリ軍を撃破する勢いをもったが、フランス艦隊の激しい砲撃の前に、ローマ共和政府はついに降伏に追い込まれた(同年七月)。

ルイ＝ナポレオンにとってイタリアは信条の問題ではなかった。皇帝がもともと共和主義者でないがゆえに、共和政府打倒の先鋒役をつとめたのではない。彼にとっては、ローマに共和政府があろうがなかろうが、どうでもよかった。たしかに、彼が教皇救出の意図をもったことは事実である。そのことによって、フランス国内のカトリック派の支持を当てにできるからである。しかし、それがローマ出兵の主要な動機ではない。また、彼の行動はイタリアのために「働く」といった利他的観念に導かれたわけでもない。

彼は単にフランスの伝統的観念に従ったまでである。すなわち、イタリアの統一を助ければ、ウィーン体制に穴があくことは自明であり、また、フランスは統一に協力する代わりに、サヴォアを貰い受けるつもりでいた。

こうしてイタリア問題をきっかけに、フランスはオーストリアと反目するにいたった。思うに、この反墺路線はフランスの伝統的なものであり、しかもフランス人に非常に受けのよい政策であった。これは教皇を助けること――教皇警護のためローマに守備隊を配備――にもなり、構図は中世以来のパリ＝ローマ同盟に完全にマッチしているのだ。

2　カヴール

悲劇はしばしば人々を揺り動かすものである。敗退したとはいえ、大国オーストリアを相手とするアルベルト王の悲壮な戦いはイタリア人に感動を呼び起こした。これにより、イタリア舞台での善玉＝ピエモンテ、悪玉＝オーストリアの役まわりが定まった。

一八一五年以来、オーストリアがロンバルディアとヴェネチアを領有しここに居座る限り、イタリアの統一はままならなかった。かつて、黒海や中東にまったく利害関係をもたないピエモンテがクリミア戦争に参戦したのは、英仏の歓心を買うためである。一八五六年のパリ講和会議の席でピエモンテの首相カヴールは戦勝国側の椅子に腰掛けた。カヴールはこの席上ルイ＝ナポレオンに全面的に協力する。だが、カヴールの期待にもかかわらず、この会議はイタリア問題を議題にさえ掲げず、したがって、ピエモンテに何の見返りも与えなかった。

ナポレオン三世とカヴールの共謀は「プロンビエールの会見」(一八五八年七月)に行き着く。ナポレオン三世のリードで交渉はすんなり進み、対墺開戦の条件、タイミング、戦後イタリアの処理などが取り決められた。皇帝は合意に以下の条件をつけた。すなわち、フランスとピエモンテは同盟してオーストリアと戦う、開戦に当たってはヨーロッパの世論が両国に好意的であるばあいに限る、勝利後にフランスはサヴォアとニースを貰い受ける――と。そこに、いかにもナポレオン三世らしい用心と計算が織り込まれている。

けれども、皇帝は戦争を頭に描いていなかったフシがうかがわれる。と言うのは、秘密であるはずの「プロンビエール会見」はその最中から漏れ、同盟が成立したという噂が流れたからである。皇帝は内心で、オーストリアは脅せば折れてくるものと考えていたらしい。その一方で皇帝は、イタリア問題を議題とするヨーロッパ列強会議を開く提案をしているのだ。

国際会議の提案は黙殺された。戦争なしの外交ゲームで国境線を移動させるという無謀な企ては一笑に付された。ピエモンテの目論見とフランスの野心はあまりにも見え透いており、列強はイタリアに問題が存在すること自体を認めなかったのである。

だが、カヴールのほうが役者が一枚上だった。彼は、ナポレオン三世の見通しがあまりに楽観的でこのままでは実を結ばないこと、そして、皇帝に対墺開戦の意欲の乏しいことを見抜いていた。カヴールは秘密協定の中身を公表してでも、フランスを参戦にもち込むつもりでいた。その意図を察知した皇帝のほうが先手を打って協定を公表してしまう。カヴールを出し抜いたつもりが、これはまさに彼の思うツボで、フランスはもはや後戻りすることができなくなる。なぜなら、プロンビエールの密約には、ピエモンテが攻撃されたばあいフランスが支援するという条項があったからである。こうして、カヴールは安心してオーストリアを挑発し始める。

一八五九年四月二九日、ピエモンテは戦闘の火蓋を切り、釣られるようにフランスも宣戦布告を発した(五月一二日)。

政府が宣戦布告を発表したとき、フランスはクリミア戦争時と同じように、「賛成」、「賛成」の大喚声に包まれる。絶対主義の、教権主義のオーストリアに対する戦争、つまりイタリア解放戦争は自由主義者と、かつてのクーデタへの憤激から武装を解かなかった共和派にさえ熱狂の渦をもたらした。

戦闘は一か月あまりつづいた。フランス＝ピエモンテ同盟軍のほうが優勢に戦いを進める。しかし、六月下旬になると決定打が尽きて、戦線は膠着状態に入り長期化の見通しが濃厚となる。

そのやさき、ナポレオン三世はオーストリアと休戦協定を結ぶつもりらしいという、耳を疑うような噂がカヴールのもとに飛び込んできた。じっさい、仏墺首脳はカヴールを無視して七月一一日、ヴィラフランカで講和予備会談をもっていた。

講和条件は、戦前とあまり変わらない領土配置を前提にして決定された。それによると、ピエモンテはオーストリアからヴェネチアを除くロンバルディアを獲得し、その代償にピエモンテはサヴォアとニースをフランスに割譲するという。

ナポレオン三世はピエモンテ王にこの仏墺協定の承諾を迫った。明白な裏切りを感じたカヴールは悲憤のあまり、首相の地位を投げ出してしまう。

これには後日談がつづく。有能なカヴールは野に放り出しておくにはあまりに惜しい人物であった。数か月後に首相の座に返り咲いた彼は、余命の短さを知っているかのように日夜、身を粉の努力を重ねる。

かくて新イタリア王国は一八六一年三月に誕生した。残るは、オーストリア支配下のヴェネチアと仏軍駐留下のローマを回収するだけとなる。ヴェネチア帰属問題は普墺戦争を待たねばならなかったが、ローマ問題については教皇とナポレオン三世の間で合意が成立し、仏軍のローマからの撤退が本決まりとなった。しかし、まさにそのとき、カヴールの生命が尽きてしまう(同年六月)。

こうして仏軍撤退問題は宙に浮き、最終的解決は一八七〇年九月までもち越された。それは普仏戦争の最中、スダンでナポレオン三世が捕虜となってから僅か数日後のことである。これはまさしく、ローマ問題の元凶が皇帝であったことを裏づけるものとなった。

ともかくナポレオン三世は一八一五年体制の一角の切り崩しに成功したが、その代償はきわめて高くついた。戦争の物的損害と人的犠牲もさることながら、それ以上に大きい代償はフランスの国際的孤立を招いたことである。すなわち、オーストリアから、イタリアから、そしてローマ教皇からも、フランスは怨嗟を受けるはめになる。イギリスとプロイセンは、口先で平和を唱えるナポレオン三世の本質が何であるかを悟った。

ナポレオン三世の戦略そのものにむりがあった。すなわち、教皇国家の警護とピエモンテの支援は本来的に両立しないものであり、双方から頼りにされつつ双方に疎まれる結果に行き着くのは必然であった。しかも、双方に不満な結果を招いたにもかかわらず、皇帝は仲介料としてサヴォアとニースを失敬してしまうのだ。

3　ビスマルクの自覚

イタリアの事件を知ったドイツ人はいきり立つ。オーストリア人のフランスへの反感は説明するまでもない。問題はプロイセンおよび他のドイツ中小領邦国家の住民たちの感情である。彼らは心底からオーストリアを応援するという立場にはなかったが、同じドイツ人としての民族的な共感や矜持はもっていた。彼らが、ナポレオン三世の火事場泥棒のような所業を、かつての大ナポレオン支配下の苦い体験と重ね合わせて考えたのは言うまでもない。

しかし、ビスマルクだけは違う。彼は感情の虜にならず、遠隔の地から冷静にイタリアの出来事を追跡していた。イタリアが風雲急を告げているとき、彼は八年間馴れ親しんだフランクフルト大使の任を解かれ、ロシア大使としてペテルブルクに赴任していた(一八五九年三月)。当時の彼は健康に恵まれず、今度のロシアへの転任により首相への道を永遠に閉ざされてしまったとの思い込みから気分的に滅入っていたのであるが、持ち前の冷徹な眼はまったく曇っていなかった。

イタリアにおけるフランス軍の輝かしい勝利はプロイセンの勝利にほかならない、とビスマルクは確信する。フランスの皇帝がプロイセンのために働いてくれたという満足感で一杯であった。このときから、彼はオーストリアに対抗して新生イタリアと同盟する可能性を、そして、オーストリアをドイツから追放する可能性をみていたのだった。つまり、ビスマルクは友邦ドイツ諸国のナショナリズムに信を置かず、生まれたばかりのイタリアを頼りとしているのである。彼はもちろん、仏墺戦争の行方を心配するドイツの中小諸邦の親オーストリア感情を知っていたが、プロイセンがオーストリアの立場に置かれたばあい、これら諸邦に同じような同情が起こるとは思っていない。ペテルブルクへの赴任の車中で、ある政党指導者に向かってこう発言している。

「これら諸国はプロイセンによって自国存立が脅かされるのを恐れているのにたいし、オーストリアによって自国が吸収されるのはありえないことを知っているからである」、と。

ビスマルクにとって、ナショナリズムは利用価値をもつが、これに頼りきってはならないことになる。

ナポレオン三世の認識はどうかと言うと、彼はナショナリズムのもつ激しい攻撃力は理解できたが、その反対のエネルギー、つまり為政者の愚挙が引き起こすところのナショナリズムの恐ろしい反発力については無知であった。

ナポレオン三世にさらに失策がつづけば、ビスマルクの目的は完全に達成されよう。その一つはシュレスヴィヒ＝ホルシュタイン、ルクセンブルクという二つの公国の帰属問題に際しての軽挙であり、もう一つは普墺戦争時の仲介という愚挙である。いずれも、前述のような皇帝の民族主義の認識の欠如ないしは軽視に起因する策である。

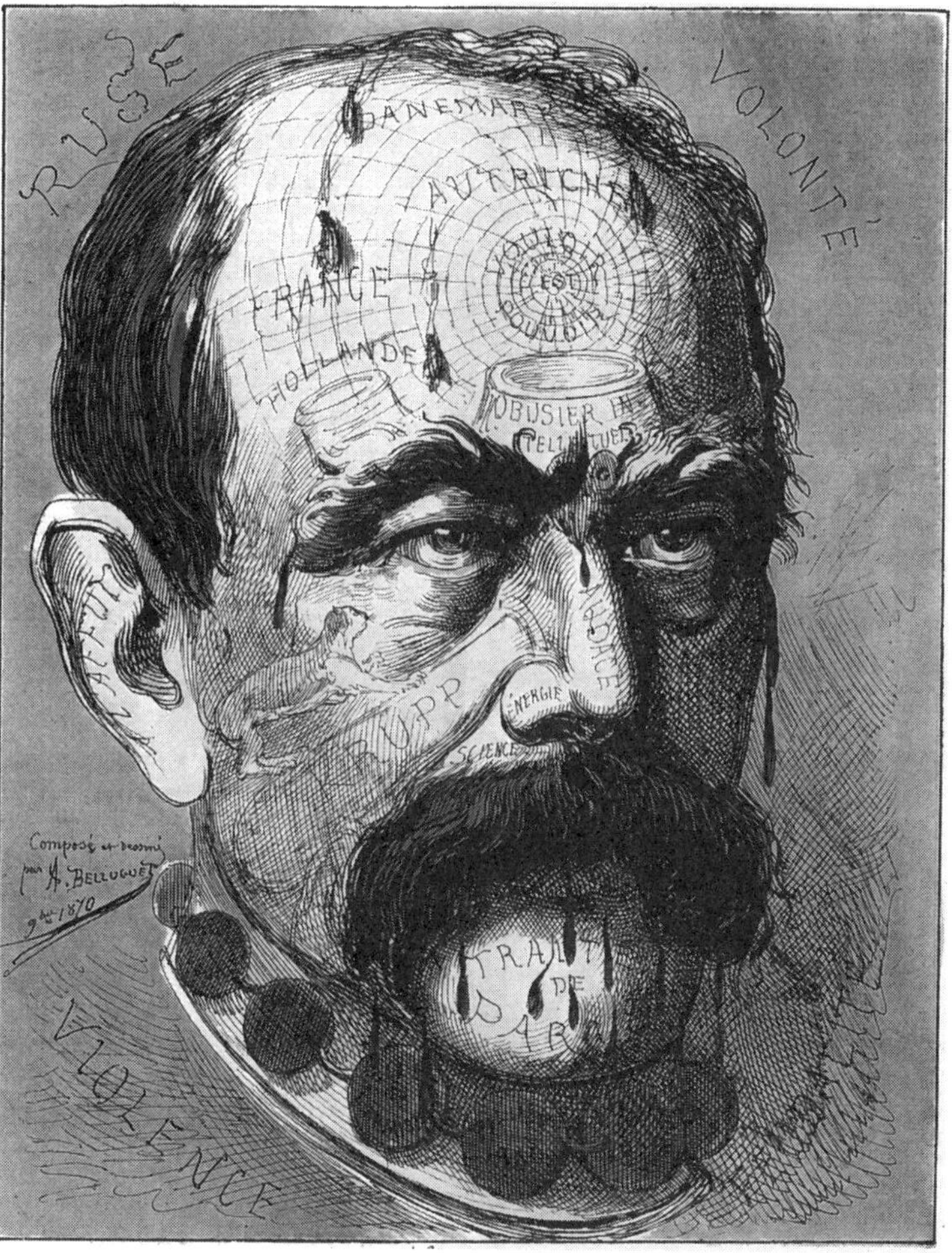
RUSE
VOLONTÉ
AUTRICHE
FRANCE
HOLLANDE
ÉNERGIE
SCIENCE
DE
VIOLENCE

ビスマルクの風刺画

第5節　普墺戦争とフランス

ビスマルクは一八六二年九月に首相の座に就いていた。彼は早い時期から、普墺の軍事衝突はドイツ統一のために必須な経過点と考えていた。彼の懸念の中心はその際のフランスの出方にあった。イギリスが好意的中立を貫くことは確認済みであり、まず心配はいらない。だが、「現代のスフィンクス」(ビスマルク評)ナポレオン三世の外交施策について読み込めないところが多々あった。

ビスマルクは一八六五年一〇月、ビスケー湾を臨むビアリッツで静養中のナポレオン三世に会見を求めた。

ビスマルクの訪問は秘密ではない。かつてプロンビエールでのナポレオン三世とカヴールとの秘密会談の一件がある。ヨーロッパ中が普仏間に何か密約が交わされたのではないか、と耳をそばだてる。だが、ビスマルクは直後に国王に当たり障りのない報告を行い、ナポレオン三世も何も記録に残していない。しかし、「ビアリッツでは何もなかった」という議論はまったく信用されなかった。

いっさいを推測に拠るよりほかないが、ビアリッツ会談での論議の中心が普墺激突の際のフランスの出方であることはまちがいない。ビスマルクはフランスの中立を確保するためいくつかの条件提示をしたが、ナポレオン三世はそのいずれにも明確な返答を与えなかったものと思われる。とはいえ、ビスマルクは何かを読み取ったはずである。

一八六六年二月末からビスマルクはイタリアと交渉を開始し、四月八日に合意に達した。有効期間三か月という期限つきのプロイセン＝イタリア攻守同盟がそれである。その内容は、普墺が戦端を開けばイタリアも間髪を入れずオーストリアに宣戦する、勝利後にイタリアはヴェネチアを獲得するというものである。

この攻守同盟はすぐに漏れた。南北から挟撃を受ければオーストリアが不利になるのは明白であった。そこで、オーストリアはイタリアに無償でヴェネチアの割譲を申し出るが、苦杯を嘗めつづけてきたイタリアがこれを拒絶したため、緊張は一気に高まる。

フランスも普伊交渉の情報を掴んでいた。普伊同盟の成立がもはや不可避と知ると、ナポレオン三世は二度にわたり、フランスのそれへの加盟を申し入れるが、ビスマルクはやんわり断わった。

危機に臨んでナポレオン三世が右往左往すること、そして不利を悟ると、現実味の薄い同盟提案や見込みのない国際会議の提案に終始するのはいつものことだった。五月二四日、フランスは普墺両国に列強会議への出席を呼びかけたが、反応はない。両国はこの提案を真面目に検討するふりをしながら、ともに戦争準備に余念がなかった。

後世の歴史家たちはこのときのナポレオン三世の躊躇を不可解としてきた。著者が考えるに、皇帝の行動は、国内民衆に根強い自由主義と民族主義への熱狂と、イタリアとドイツの国家統一への思い入れとを十分に計算に入れたものであった。そして、このとき皇帝の脳裏をかすめたのは、親墺主義に傾くフランス歴代政府はつねに転覆の憂き目に遭うという懸念ではなかったのだろうか*。ルエル首相は五月三日、「政治的平和、真摯な中立、行動の完全な自由」を声明した。ティエールに代表される立法院の野党議員は、「プロイセンの野望の阻止」のためにフランスが積極的外交を展開することを要求。この提案は満場一致で可決された。五月六日、ナポレオン三世は滞在先のオセールで爆弾発言を発した。

「私は一八一五年の条約を憎む。この条約こそ今日、奴らがわが国の外交の唯一の基礎に据えようとしていることなのだ」、と。

発言の真意がどこにあるのかはっきりしなかった。だが、皇帝が局面打開の主導権をとれないことに苛立っていることは明らかであった。平和に賭けていたパリの株式取引所は「すわっ、開戦!」とみて株価を暴落させた。五月二四日になって皇帝が列強会議の提案をすると、株価はたちまち回復した。普墺激突に際しフランスがプロイセン寄りの中立主義であったことは以上でおおむね明らかになっ

＊フランス人の大多数がプロイセン支持に傾いていた。共和主義の新聞『シエクル』紙は叫ぶ。「プロイセンに味方することと、イタリアに味方すること——それは大義の勝利を欲することであり、民主主義の旗に忠実でありつづけることなのだ」、と。こうして一八六六年の時点においても民主主義と革命に味方することはプロイセンに味方することと同義であった。戦前の大方の予想が「オーストリアの軍事的優位動かず」としたこともあり、世論はプロイセンに同情的であった。それゆえ、フランスが〝弱い〟プロイセンに肩入れすることは国民に非常に受けのよい施策であった。だが困ったことに、肝心のプロイセンが乗ってこないのだ。

た。開戦後のフランスの対応もまさしくそれを裏づける。

「サドヴァ」*でのプロイセンの電撃的勝利(七月三日)はヨーロッパ全体を驚愕させ、同時にナポレオン三世とその政府をきわめて困難な状況に追いやった。大国オーストリアがあっけなく敗北しようとは、だれもまったく予想していなかったのだ。

動転したフランス政府は、双方が休戦協定を結んだのを機に武力仲裁に打って出ようとするが、皇帝はこの提案を却下した。というのは、軍事的示威の効果に疑問があるばかりか、ドイツ・ナショナリズムを一気に刺激しフランスの行動への不信を招くことを危惧したからである。そこで、政府はふつうの外交的仲裁を行うことになった。

敗北したオーストリアにはフランスの仲裁はありがたいものに映るが、戦勝国プロイセンにとっては迷惑千万な話にほかならなかった。

七月一四日、フランス政府は交戦国に和平条件を提示した。すなわち、①マイン川以北に北ドイツ連邦を創建、②南ドイツ諸国の独立の保障、③オーストリアはドイツ問題から手を引く、④シュレスヴィヒ＝ホルシュタインはプロイセンに帰属――これである。明らかにプロイセン寄りの提案である。

＊「サドヴァ」は普墺戦争の戦場の名である。ベーメンの地名であるが、ドイツ語では「ケーニヒグレーツ」と言う。フランスは敢えてチェコ語の歴史的呼称を使い、プロイセンの〝侵略性〟を浮き彫りにしようとした。

ビスマルクは、ザクセンの併合が仲裁案に入っていないことに不満であった。そこで、ナポレオン三世はザクセン併合を認める代わりに、フランスへの領土割譲を要求する。ビスマルクはこの返答を曖昧にしたまま、提案を「受諾する」と回答。こうして七月二六日、ニコルスブルクで仮講和条約が結ばれた。

ナポレオン三世がプロイセン寄りの仲裁案を示したのは、彼が領土的野心をもっていたからである。皇帝の目論見はライン左岸にあった。皇帝は仮条約の締結直前になり慌ててザール、ルクセンブルク、ライン左岸のバイエルン、ヘッセンの名を挙げる。このときはビスマルクは議会演説で「ドイツの領土は一片といえども譲らない」と述べて、皇帝の要求を厳しく撥ね除けた。

八月一七日、プロイセンはハノーファ、ヘッセン選帝侯領、ナッサウ、フランクフルトの併合を発表。パリの新聞はフランス外交の失敗を糾弾するとともに、「プロイセンの野望」を非難する。そして、フランス政府は負け惜しみの声明を発した。

「一八一五年の諸条約は破棄され、ロシアの抑制に必要なドイツ国家の統一は不可避であった」、と。フランス国内の世論は戦争の早期終結を喜ぶ者、プロイセン勝利を喜ぶ者、プロイセン台頭を恐れる者、フランスに武力制裁を要求する者――など雑多で混乱をきわめていた。しかし、フランス外交の失敗、つまり「サドヴァで負けたのはフランス」という認識の点では一致していた。新聞紙上で「サドヴァの復讐を！」の活字が踊る。

ナポレオン三世の外交的失敗はもはや説明を要しないであろう。「一八一五年の諸条約は破棄された」という宣言だけで、フランスがフリーハンドを得たことにならないのは明らかである。ビスマルクはこうしたナポレオン三世の受け身の外交施策を今後も十分利用していこうと決意する。

ところで、ビスマルクにとってこの戦争は大きな賭けであった。ナポレオン三世が干渉しようとすれば、いつでもそのチャンスはあるのに何もせず、オーストリアの敗北を用意した。ビスマルクは後日談で、「六万の軍隊がラインに到着すれば、プロイセンの戦略は根本的に狂ったであろう」と述べており、この危惧があればこそ、ナポレオン三世の言う講和条件を黙って呑んだのだった。ビスマルクはそのあとに領土補償が待ち受けていることを重々知りつつ、当座の難局を切り抜けるのに全力を傾注した。ビスマルクは黙契を与えたような風を装い、ナポレオン三世がのちに具体的な地名を口にしたとき、ドイツ・ナショナリズムと国際世論に訴えて、断固拒否するつもりでいたのだ。

ビスマルクが七月から八月にかけてフランスの補償要求を退けたとき、ドイツの世論とプロイセン指導部はビスマルクの全面勝利を確信し、以後、彼の手腕に全幅の信頼を寄せるようになる。

このとき、「プロイセン王のために働く」というフランスの諺がしきりに揶揄として用いられた。それは「報酬なしに他人のために働く」という意味である。皇帝の一連の「利他的行為」はフランス人にはまったく理解されず、謎として残った。

ナポレオン三世自身は「プロイセン王のために働く」ことをまったく躊躇しなかった。ヴェネチア問題を解決し、統一ドイツ国家を誕生させ、それをフランスの同盟国とするために、プロイセン勝利が不可欠の条件であったのである。皇帝がプロイセンと真面目に同盟を考えていたことはまちがいない。じっさい八月二九日、皇帝はプロイセン政府にたいし、ベルギーのフランスへの編入を条件に普仏同盟の締結を申し入れているのだ。

いまや面目まる潰れのナポレオン三世はビスマルクに、何としても約束を履行するよう迫る。譲渡すべき地名は最初はライン左岸、次にルクセンブルク、さらにベルギーとなり、最後にルクセンブルクに戻るという具合にくるくると変わった。一八六六年から六七年にかけての普仏外交の主題はもっぱらこれであり、こうした補償領土の名が挙がるたびに、ナポレオン三世の失点は大きくなる。つまり、ナポレオン三世＝領土拡張論者、ビスマルク＝ドイツの擁護者という印象を振り撒くことになった。ビスマルクは、沸騰するドイツ世論を味方にバイエルン、ファルツ、ヘッセン＝ダルムシュタットなどの南ドイツ諸国と攻守同盟を結ぶことに成功。ナポレオン三世の要求がまんまと逆手に取られたのだ。

以後、ナポレオン三世はビスマルクを信用しなくなり、ビスマルクが開戦の口実を探していることを確信する。のちにビスマルク自身、「一八七〇年の戦争は歴史の論理である」と述べている。しかし、厳密に言うと、「歴史の論理」ではなく、「プロイセン首相の論理」と言うべきであろう。なぜなら、当時のナポレオン三世はプロイセンへの敵対感情をもっていなかったし、ビスマルクさえ望めば、普仏同盟の可能性すらあったのであり、首相の意思でそれが退けられたのだから。さらに、その後の展開もまさしく、首相の思惑どおりに展開する。すなわち、ビスマルクの論理がフランスを戦争に追い込み、このことによって、他のドイツ諸国に対するプロイセンの勝利を決定づけるのである。

第6章　独仏戦争

第1節　開戦前夜

サドヴァの戦いにおけるプロイセン軍の電撃的勝利の報に接したフランス軍当局は改革を急務と感じた。一八六七年一月、陸相ニエル元帥は従来の抽選徴兵制に代え国民皆兵制を採用し、現役軍のほかに予備役軍と遊動軍を増設しようとした。しかし、ニエル計画は立法院で激しい批判にさらされ、その根幹部分が大幅に修正され、遊動軍の組織化が不完全なままに終わった*。ニエルは軍の量的拡大が無理ならば、せめて質的改革でもとの思いから、軍最高指導部の刷新の大仕事に着手したが、その直後、持病の尿結石を悪化させ他界する(六九年八月)。軍の統制力もあり、皇帝から厚い信任を得ていた元帥の急逝はフランスにとって、万事を中途半端な状態に終わらせたという意味で大きな痛手であった。ニエル亡きあと、さしたる手が打たれなかったため、一八七〇年七月の独仏開戦時点におけるフランスの動員兵力は著しく狭められるものとなるだろう。

外交環境も八方塞がりの状態で、普墺戦争が終結したとき、フランスの国際的孤立はいっそう明らかとなっていた。すなわち、外交上の連続的失敗により露・伊・墺・英・教皇のいずれからも、取り繕えないほどの不信感をもたれていた。

一縷の望みが残っていそうなのは南ドイツ諸国とオーストリアである。前者はプロイセンによる併合を警戒し、後者はプロイセンへの復讐心を捨てきれないでいたからだ。フランスは一八六七年の春以降、抱き込み工作を展開するが、ことはうまく運ばなかった。

南ドイツ諸国は前にふれたように、フランスの要求を逆手にとったビスマルクの巧みな対処によりフランスへの警戒を強め、かえってプロイセンにすり寄る。

オーストリアの誘い込みは最初は難しかったが、イタリアを含めてならば同盟に応じるという具合

＊立法院で軍制改革案の反対にまわったのはいつもの野党議員であり、そのなかにティエールも含まれる。かつて正当にも、「プロイセンの野望」に警鐘を鳴らしたこの張本人は今度は、この改革案論議のなかでは軍事的無知識をさらけ出し、プロイセン軍を完全に侮った発言を繰り返すのだ。すなわち、「敵の正面に立つのは現役軍であるゆえに、何であれ遊動軍にはほとんど重要性を認められない」、と。

に、やや軟化の姿勢を示すにいたる。そこで、仏・墺・伊の三国同盟に向けての外交折衝がつづけられ、一八六八年六月、大要合意に達し条約締結の寸前まで漕ぎ着けた。だが、最終的に暗礁に乗り上げさせる因となったのはまたもやローマ問題である。イタリアはフランスにローマ駐屯軍の撤退を要求。ナポレオン三世は個人的には異存がないものの、国内のカトリック派の反発——ローマ教皇を見殺しにしたとの汚名——を危惧した。皇帝がこの要求を最終的に拒否したため、結局、三国同盟は流産してしまう。

戦争直前の国民世論はどうか。当時のフランス世論はひとことで言えば、混乱一色であった。プロイセンに恐怖を感じる者、それを崇敬する者、戦争を非難する者、戦争ありえずの楽観的気分に浸る者というように、覆いようのない分裂があった。戦争切迫感が一段と強まると、知識人たちはインテリ特有のペシミズムを撒き散らす。もともと親ドイツ的な彼らは普仏激突を前に、どうスタンスをとってよいのか戸惑う。共和主義者もドイツびいきである。つまり、政府がカトリック勢力と結びついているだけに、彼らはプロテスタントのプロイセンの伸張に期待をかける。政府はこうした世論の乱れを十分考慮に入れる必要があった。

戦争というものは突入するまでが難しい。正当な理由なくして戦端を開けば第三国の介入を招き、予期せぬ事態を迎える。有史以来、現代にいたるまで、あらゆる戦争において交戦国は必ず戦争の大義名分にこだわるのがつねであった。公然と「侵略」の看板を掲げて戦争の行われたためしはない。その意味で最初から防御的な性格が明らかであるような戦争は楽であるだろう。

このときのプロイセンのばあいがそれに当たる。開戦名分に特別の工夫を凝らすまでもなく、同国にとって戦争の「防御的な性格」は自ずと明らかであった。

そうなると、プロイセンの懸念は軍備体制のみということになるが、この点でもまったく問題なかった。前々から勝算ありとみるモルトケ参謀総長は、激突が不可避である以上、それは早ければ早いほどよいという態度でいた*。

こうして、ビスマルクはいつ戦争が始まっても恐れる必要のないことを悟る。彼の気がかりはフランスにではなく、内にあった。すなわち、ビスマルクは、大ナポレオン軍の亡霊に取り憑かれたままのヴィルヘルム王が途中で弱気を出し、ここぞというときに躊躇しまいか、それでもって好機が失われはしまいかという懸念にとらわれていた。

＊モルトケは、相手の戦争準備が不完全という観察から早期開戦論を主張したのであった。いかにも戦争に勝つことを至上命令とする軍人らしい発想である。モルトケはすでに一八五九年の仏墺戦争時点で、仏軍の戦いぶりをつぶさに考究し、周囲に「フランスに勝てる」と漏らしていた。一八六七年の時点でも、モルトケはビスマルクの質問に答えて、プロイセンは直ちに五〇万の兵力を動員できるが、フランスはせいぜい二二万止まりであろうと述べている。これを耳にしたビスマルクは以後、安心して開戦の口実探しに全力をあげる。六九年二月になっても彼我の力関係は変わらなかった。

第2節　エムス電報事件

一八七〇年一月、ナポレオン三世は野党共和派のエミール・オリヴィエに組閣を命じた。これは開戦を念頭に置いた人事ではなく、皇帝は自由主義的な議会政治の導入により帝政の綻びを繕い、不人気を挽回しようと考えたのだった。オリヴィエは期待に応え、自由主義と平和主義を標榜する。しかし、政治とはまことに皮肉なもので、普仏の激突はこの平和主義の首相のもとで幕を開くことになるのだ。

新内閣の発足を耳にしたビスマルクは、フランスは内向きになるだろうとの判断から戦争が遠のいたことを残念がった。しかし、彼の予測は半年後に大きく外れる。一八七〇年五月の国民投票はナポレオン三世の基盤を強化し、自信を取り戻した皇帝は再び積極外交を展開し始める。その結果が「エムス電報事件」である。

現在のヨーロッパ人の多くは「エムス」の名を耳にするとき、温泉地を思い浮かべるのではなく、普仏激突のきっかけとなった「エムス事件」を思い浮かべるであろう。エムス事件はそれほどに彼らに馴染みの深い事件なのである。

発端は、いつも政変に揺れるスペインで空位となった王座に、プロイセンの王族の一人が候補者にのぼったことに始まる。フランスがそれに強硬に反対し、プロイセン側も折れて候補辞退を表明。これで一件落着のはずだが、ユジェニー皇后は辞退表明だけで満足せず、プロイセン王に将来的にも立候補しないことを約束せよと迫る。これにより、問題はもつれていく。

　エムスで湯治中のプロイセン王はこの非礼な申し入れを拒絶した(七月一三日)。王は会見を求めてきたフランス大使にその旨伝えるとともに、ベルリンにいるビスマルクにことの経緯を電文で伝えた。開戦の口実探しに

ユジェニー皇后

躍起になっていたビスマルクのもとに偶然、飛び込んできたのがこのエムス発の電文であった。彼はこれを短縮、厳密に言うと改竄して内外の新聞記者に公表し、普仏の緊張を一気に高めるのである。

この改竄電文は国王の原文とほぼ同じ内容をもっているかに見えるが、短縮のせいで重大な意味変更が生じていた。要するに、原文の一部の省略によって国王の仏大使引見拒否の意味を何倍にも強め、立腹した国王が今後いっさいの交渉を拒否する態度を、いわば国交断絶の意思表示をしたかのような印象を残した*。原文は「平和」のサインであるのだが、改竄電文は「戦争」のサインとなったのである。ビスマルクがその日のうちに、国内はもとより世界中に知らせた改竄電文を翌朝、新聞紙上で読んだプロイセン王は「これは戦争だ！」と叫んだと言われる。宣戦布告権を握る自分のまったく知らないうちに、事実上、宣戦布告がなされたのだった。

諸国政府に公式ルートを使って電文を伝えたビスマルクに故意があったことは否定できない。しかも、彼は追い討ちをかけるように、諸国政府宛てに事実とは異なる状況説明まで行う。フランス大使はエムスの散歩道でプロイセン王を待ち受け、王に挑発的な態度で話しかけた、と。すでに辞退すると言っているのに、未来永劫まで辞退を保証せよとは何たる侮辱！　しかも王族同士ならまだしも、一介の大使が保養中の国王を散歩道で待ち受けてまで侮辱的発言を浴びせるとは！——世界中が、ことに利害関係の強いドイツでこのような反応を招いたのはしごく当然であった。

しかし、事実は逆であり、最初に話しかけたのは王のほうであって、大使に慇懃に謝礼——立候補辞退宣言がパリに届いたことを自分に告げてくれたことへの礼——を述べているほどである。それを逆転させたビスマルクの説明はセンセーショナルな効果を発する。

われわれはこの事件に接するとき、偶然が歴史をつくることを認めたい気持ちに襲われる。しかし、必然というのは偶然を通じて顕現するものである。戦争に向かう滔々とした流れはすでにだれも堰止められないレベルに達していた。ビスマルクに開戦の強い意志があり、その彼は国王・政府・軍部・国民から全幅の信頼を受けている以上、彼の行為は即、国家の行為となったのである。

＊文章というものは、そのコンテクストの理解が不十分であったり、中途を抜かされたりすると、正反対の意味に転じることがある。まさにその典型がこのエムス発の電報であった。

まず第一に、電文を記者発表したのはビスマルクである。そのビスマルクの改竄電文は冒頭で「エムス発、一八七〇年七月一三日」という日付をもつ。こうなると、記者発表された電文は、エムスにいる国王自身が直接発信したかのような印象を与える。つまり、電文の中身も、国王が書いたかのようになる。

第二に、電文の末尾部分に「国王陛下はフランス大使に引見することを断わり」という箇所がある。この箇所に主語—述語の不正確さが含まれ、これを読んだ人は誤解する。

国王の元の電文は「ベネデッティ伯爵[仏大使]をこれ以上引見しないこととし、彼に侍従を通して…(中略)…これ以上何も大使に伝えることはないと言わせました(注、傍線筆者)」となっている。国王自身が「引見しない」とベネデッティ大使に伝えたのではなく、「引見しないほうがよい」と助言したのは侍従たちである。王位候補問題はすでに候補辞退したという通知がパリにも届いたことでもあり、「これ以上何も大使に伝えることはない」と、王は述べたのだ。その言外には「もし何かあれば、大臣を通して交渉しなさい」という意味が込められている。

堰を切った洪水を食い止められない点ではフランスも同様であった。新聞報道で事件を知った群衆がパリの街頭で騒ぎ始める。「ベルリンへ！　ベルリンへ！」の街頭デモが渦を巻く。割れていた世論は憤激のショックでさっと一枚岩となった。さすがに一部の民衆勢力は反戦の動きを示すが、好戦熱の怒号を前にしてはほとんど力をもたなかった。

ナポレオン三世は悲嘆のあまり、閣議で何度も涙を流した。そして、平和主義のはずのオリヴィエですら、「売られた喧嘩は買わねばならない」と思い始める。だが、彼はエムス事件の背後に何か意図のようなものがあるのを感じ、七月一五日の立法院でこう述べた。

「大使引見拒否は国王たる者の正当な権利である。侮辱的なのは意図的に拒否され、それが新聞号外と電報でヨーロッパ中の宮廷に公表されたことである」、と。

さすがにティエールは冷静であった。一連の出来事がビスマルクの策略であることを彼はまだ知らないが、大局的見地からことを判断しようとした。彼は立法院において、感情に駆られて開戦に踏みきるのは危険きわまりないと警告するが、この演説は、戦争熱で浮かされた議会の怒号のなかでかき消されてしまう。しかし、このときの果敢な反対声明は彼の炯眼の正しさを証明するところとなり、そのおかげで彼は第三共和政の初代行政長官（事実上の大統領）の地位が約束されることになる。

七月一五日、閣議は開戦を決定し、一九日、プロイセンに宣戦布告を発した。

第3節　勝者も敗者も誤算!

ビスマルクの心配するオーストリアは動かなかった。オーストリア政府自体はフランス寄りであったが、国内のドイツ人が参戦に反対するだけでなく、ハンガリー人が不穏な動きを示したからである。決定的にオーストリアの中立を促した要因は背後からのロシアの牽制であった。ビスマルクが密かに打っておいた布石がここで効き始めたのだ。

南ドイツ諸国はプロイセンとの攻守同盟に基づき動員を開始する。ビスマルクは、最悪でもこれら諸国がフランス支持にまわることはないとみていたが、この約束実行は彼を安堵させた。これら諸国がプロイセンに味方して参戦したことは戦争そのものを有利に進めることになっただけでなく、ドイツ統一という究極目標に向かううえで限りない意義をもっていた。

かくて戦争はドイツとフランスの戦い、しかも久々の一騎打ちの戦いとなった。近代以降のヨーロッパで戦われた戦争で、大国同士の一対一の戦争は皆無である。今度の戦争はいくつかの偶然が重なってそうなったのである。かつては列強が束になってかかってもフランスに勝てなかったものが、日没する国と日出る国の差と言うべきか、いまやドイツだけでフランスに挑もうというのだ。じっさい、準備万端整った国と不用意に挑発に乗ってしまった国との勝負では、実力以上の差が出てしまうであろう。しかも、戦争の大義はドイツ側にあった。ドイツは国家統一の達成という目的を掲げていた。

対するフランスはそれを妨害することによって、綻びの目立つ帝政を繕うという目的をもっていた。だれの眼にも、燦然と輝く大義と、手前勝手で見栄えのしない大義とのコントラストと映った。七月一六日、プロイセン王は動員令を発した。残る手続きは宣戦布告だけとなる。七月一九日、フランスの宣戦布告を受け取るとすぐさま、プロイセンは宣戦布告を返した。あくまで防御戦にこだわるビスマルクの心憎いばかりの気配りである。

兵力に歴然たる差があった。動員・装備・訓練・指揮のいずれをとってもドイツ側に一日の長がある。動員令が発令されると、ドイツ軍の総勢五〇万人は四軍体制でもって記録的なスピードで所定の配置につく。鉄道が彼らの迅速な行動を保証した。全軍は、国境突破せよという命令を今や遅しと待つ。

対するフランス軍は最初から混乱状態に陥る。正規軍は部隊編成不十分なまま闇雲に国境をめざすが、鉄道ダイヤはないも同然で時間を空費する。いざ部隊が目的地に着いてみると、兵器も弾薬も糧食も届かず、おまけに指揮官さえ到着していないという有様であった。予備役軍にいたってはめいめいが装備を整えたうえで市町村役場に出頭し、ここで命令書を受け取って目的地に向かう。鉄道便のあるところは、それを利用するが、それがないところでは歩いて行かざるをえない。ともかく七月中に動員された兵力は二五万人にしかならなかった。作戦計画はないも同然だったから、スイス国境に近いバールからルクセンブルクまで兵士を漫然と薄く並べたにすぎない。

スダン陥落後におけるナポレオン三世と
ヴィルヘルム一世との会見（ベルヴュ城）

この対照を指して、団体主義のドイツにたいする個人主義のフランスとは度のすぎた皮肉と言えようか。

戦闘は、宣戦布告が出されて二週間後の八月二日に始まった。緒戦から勝敗は決した。そして八月末までにフランス軍は総崩れの形勢となり、アルザスからロレーヌに、そしてアルデンヌへとジリジリ後退を余儀なくされる。

独仏戦争における戦闘の特徴は、野戦にせよ要塞攻防戦にせよ、断続的に行われた点にある。モルトケ参謀総長は野戦での消耗を嫌い、敵陣地の包囲戦を多用したためにそうなったのだ。それは、もともと独仏の兵力差に開きがあり、終始、ドイツ軍が戦場の主導権を握っていたからこそできた作戦でもあった。

九月一日、スダンの決戦に破れたナポレオン三世が八万の将兵とともに捕虜となる。当初、この要塞にナポレオン三世がいることを知らないビスマルクは皇帝の存在を聞かされて喜ぶどころか、困惑してしまう。なぜなら、敵将を捕らえてしまえば、休戦講和の交渉の相手を失うことになるからだ。パリに不穏な空気が流れていることを、彼は前々から知らされていた。帝政は早晩、転覆されるであろう。となると、交渉相手は新政府ということになるが、この政府が果たして交渉に応じてくれるかどうかはわからないのだ。

じっさい、九月四日にパリに革命が起こり、主に立法院の野党議員から成る臨時国防政府が誕生した。この政府はその名のとおり抗戦継続をうたうが、彼らはもともと戦争に反対していたのであり、臨時政府に入ったからといって、まともに抗戦を遂行する意志をもたなかった。それゆえ、「国防政府」とは偽りの看板と言ってよいが、これをあながち不実とは決めつけられない事情もあった。

公平な眼でみて、戦いの帰趨はすでに決していた。フランスは何らかの代償を払って戦争から退くべきであった。現代の歴史家がそう結論づけているから、著者はこう主張するのではない。当時の為政者たち自身が局面の悲観的状況を直視していたし、当時の列強の観測筋もまったく同意見であった。イギリスの外交筋はフランスに勝機なく、早晩、和平交渉に応じざるをえないだろうとみていた。参戦の機会をずっと窺っていたオーストリアが結局不介入に終わったのは、フランス軍に失地回復の見込なしと判断したからである。

劣勢を顧みず臨時政府が抗戦を唱えたのはパリ市民の圧力を無視できなかったからである。もし、彼らが和平会談に飛び出せば、たちどころに民衆によって引きずり下ろされた可能性が高い。世論――正確に言えば、臨時政府の膝元のパリの世論――は「スダン」で戦意が衰えるどころか、愛国的熱狂の虜となっていた*。

＊政府首脳部が抗戦にフランス革命の「恐怖政治」をみたのにたいし、パリの民衆はそこに「救国のチャンス」をみた。民衆の心は八〇年前とほとんど変わっていなかった。軍事知識の乏しさも手伝って、彼らはフランス革命時のような愛国熱さえあれば、すぐに「ヴァルミー」と「アウステルリッツ」が再現できるものと考えていた。政府が現実を直視したのにたいし、住民は理想を追い、言いかえれば精神主義の虜となっていた。ここに大きな認識ギャップがあり、それがのちの国民的悲劇＝パリ・コミューンの伏線をなす。
　敗北と内乱というフランスが味わった二重の不幸の要因を整理すると、次のようなものになるだろう。①フランス革命とナポレオン戦争の思い出、②国民のなかに深く浸みこんだ大国意識、③無謀な戦いへの突進を強いた第二帝政の独裁政治、④兵糧攻めを中心とするドイツ軍の作戦行動、⑤国防臨時政府および国民議会政府の誤った状況判断。

第4節　メッス事件

戦争は交戦国民間に遺恨を残す。それはとりわけ負けた側に顕著にあらわれる。賠償金・占領・領土割譲などの戦後処理が因となるのが通例であるが、それだけでなく、開戦時、戦闘中、講和前における諸事件が遺恨に連なるばあいも少なくない。前に述べたエムス電報事件がそうした例のひとつで

メッス城砦の一部

ある。この事件は、フランス人が独仏戦争を語るとき、必ずもち出すエピソードである。彼らは、罠に嵌められた自国政府首脳を責める以上に、罠を仕掛けた敵方の狡猾なやり口に憤懣を集中させる。かくて、ビスマルクは「狡猾で」「粗野な」ドイツ人の代表となる。

ドイツ軍によるパリ包囲もトラウマとなるべき性質の事件であった。包囲による空前の食糧難は、国防政府の冷静な判断により最悪の事態に発展することは辛うじて回避された。投降があと数日遅れていれば、多数の餓死者を出すのは確実であった。だが、市民は国防政府のこの勇断に感謝するどころか、あらん限りの怒りを爆発させ、同時に非人道的な戦術を使ったドイツ軍当局にたいしても憤怒の激情をぶつけるのである。

さらに、次に述べる「メッス事件」は戦闘の最中に起きたエピソードであるが、これもフランス人にとって忘れえぬ事件となった。それはまさしく芝居のドラマのように手の込んだ策略であり、これにもビスマルクが一枚噛んでいたため、フランス人の心中にトラウマとして長く沈澱することになる。

パリで革命が進行している間もドイツ軍は容赦なく首都に迫る。パリが完全に包囲されたのは九月一八日である。ここには三万五千人の正規軍と、国民衛兵と言われる予備役兵が三五万人ほどいた。正規軍はともかく、国民衛兵は数こそ立派だが、訓練と装備が行き届かず戦力としては割り引いてみなければならない。この兵士は、包囲でパリの経済活動が麻痺し多数の失業者を排出したため、救済のため軍隊に収容された貧民といったほうが適切であり、もともと軍隊の体をなしていない。

だが、モルトケ参謀総長はパリを包囲するだけで、正面からの突撃をしばらく見合わせた。それというのは、パリ攻撃は準備万端整えたうえで臨みたかったからである。彼が心配したのは、スダンでの壊滅を免れたもう一つの敵主力一八万の動静であった。バゼーヌ元帥率いるこの軍は八月二〇日以来、ロレーヌの州都メッスの要塞に籠城したまま動かない。もしドイツ軍がパリ攻撃を仕掛けている間にこの軍が動き出せば、ドイツ軍のほうが挟み撃ちになるか、通信線を切断されてしまうかの恐れがあった。そこで、モルトケはメッス軍を釘づけにしつつ、パリ攻撃の準備を急ぐ。モルトケはメッスもパリも兵糧攻めを当面の作戦行動の中心に置き、好機が訪れるまで突撃は控えるつもりでいた。

パリが援軍として期待をかけ、ドイツ軍首脳部がその動静を気遣ったメッス軍は、結局、攻勢らしい攻勢をかけることなく、七〇日後に投降してしまう。自殺行為にも等しいこの事件は戦後、国家反逆罪として総帥バゼーヌの責任問題に発展し、彼は死刑判決を宣告される。裁判審理を通じて事の全容が明らかになるにつれて、バゼーヌの〝犯罪〟と並び、ビスマルクの策謀が浮き出ることになった。

バゼーヌは一八万の大兵力を擁しながら、なぜ戦わなかったのだろうか。彼は「スダン」の悲報より

バゼーヌ元帥の風刺画

も、パリの革命のほうにショックを感じていた。勝利への展望を完全に見失っていたし、もともと帝政に忠実なこの軍人はパリの共和政府に従うのを潔しとしなかった。また、バゼーヌはパリ防衛を愚行と見なし、その陥落は時間の問題とみていた。

こうして彼の関心は徐々に軍事よりも政治のほうに移っていく。彼は、パリ陥落後に生まれるであろう政府――復活した帝政政府――の樹立のために、来るべき和平交渉時にメッス軍をフランス側のバーゲニング・パワーとして使うつもりでいた。すなわち、メッス軍の投降と引き換えに、プロイセン当局の手を借りて帝政を復活させよう――こういう計算であったようだ。こうして、バゼーヌは戦いは二の次にし、ドイツ軍陣営に頻繁に密使を走らせる。

敵の戦意のなさを見抜いたビスマルクは早くも九月二三日、バゼーヌに降伏の四条件を提示。バゼーヌはそのうち三つまでを呑んだが、最後の一つ、投降という条件だけは保留した。バゼーヌの言い分によると、自分は軍人にすぎず、ユジェニー皇后――出征中の皇帝に代わり摂政となっていたが、「スダン」直後にパリの革命が発生し、難を逃れるためイギリスに亡命していた――の裁可を得ずして軍を処置できないというのだ。

バゼーヌはパリ政府を信用していない、投降するつもりらしいという噂を、ビスマルクは撒き散らす。むろん、その噂はすぐにパリにも広まった。その一方で、ビスマルクはバゼーヌにたいし、ヘースティングスにいる皇后に使者を派遣する便宜を与えている。だが、この使者は皇后の意志を変えることができなかった。メッス開城が即、終戦に連なることを察知したユジェニーは敗戦の責任をとりたくなかったのだ。

そこで、ビスマルクは一計を案じる。糧食尽きた敵はまもなく投降してくるだろう、メッス軍を捕虜にせず、これの中立化を図ってパリ政府に対抗させたほうが得策だ、この敵を生かしたまま、もう一つの敵＝パリ軍に対決せしめれば〝共食い〟の効果が期待できよう――と。

だが、予想以上の速さでメッス軍に自壊作用が進み、投降を申し出てきたため、この妙案は実現しなかった。バゼーヌ軍の無条件降伏は一〇月二七日に決定された。投降兵力は一七万人(うち傷病兵二万人)、一千六百門の大砲、二六万丁の銃がほとんど無疵で敵の手に渡った。

フランス人はこの不名誉と恥辱の責任を当初、裏切りの張本人バゼーヌに向け、そしてそれが無意味とわかると、ビスマルクに向けることになる。

戦前と戦時中のエピソードを語ったからには、戦後のそれにもふれるべきであろう。それは捕虜の問題、もっと正確に言えばドイツ軍による捕虜虐待の問題である。

「虐待」と言うと、少々語弊があるかもしれない。ドイツ軍はその意図をもってフランス兵を遇したのではなく、あまりにも捕虜が多すぎて、予定した収容施設では間に合わず、天幕を張っただけの、あるいはそれさえない雨曝しの収容所に入れたからである*。

捕虜は護送手段が不足し、無蓋貨車にぎゅうぎゅう詰めにされて運ばれた。これはまだいいほうで、鉄道のないところでは冷雨の降り注ぐなかを何百キロメートルも歩かされた。彼らは北ドイツの仮収容所に閉じ込められ、ここで零下二〇度の厳冬を迎える。

彼らを待ち受けていたのは飢え・寒さ・不衛生・押し合いへし合いの生活であり、それに起因する

＊一八七一年一月末の休戦時に、ドイツは総計三八万四千人のフランス人捕虜を収容していた。この数は同時期になお戦闘継続中のフランス兵の数より多い。一方、フランスが収容したドイツ人捕虜は四万人足らずであったから、数の不均衡は明白である。三八万余という数値は独仏戦争で動員されたフランス兵の総数百万の四割近くに相当する。四年間の激戦となった第一次大戦において、フランスの総動員数八百万にたいして捕虜は六〇万であるため、独仏戦争における捕虜率は異常に高いと言えよう。それほど勝敗が一方的であり、また、フランス兵の士気が低かったのだ。

天然痘・壊血病・腸チフス・インフルエンザであった。このため、はっきり確認できる公式の数だけでも、およそ二万人が不帰の客となる。戦後、辛うじて帰国できた者も大半が痩せ衰えた半病人または重病患者の状態にあった。

政治のあやで、彼らは意外にも早く帰国することができた。一八七一年三月にパリ・コミューン暴動が起こると、その鎮圧に手を焼いたヴェルサイユ政府――二月にボルドーに成立した国民議会政府(ティエール首班)は三月初め、本拠地をヴェルサイユに移していた――はビスマルクにすぐに捕虜を返還するよう要請した。ビスマルクは、内乱を終結させ和平交渉を迅速に進めるためにこれを承認。かくて、地獄の底から辛くも生還した兵士らはすぐに政府軍に編入された。彼らはこれまで受けてきた恥辱を晴らすかのように、憤怒と激情をコミューン兵士にぶつけていく。

敵を敵に差し向けるというビスマルクの策略はメッスでこそ未遂に終わったが、パリでは大成功をおさめた。ティエールがバゼーヌの代役を演じたのだ。ティエールがこの大役を見事にこなし時の英雄となったのにたいし、バゼーヌは哀れにも牢獄に繋がれ処刑を待つ身となる。

だが時間がたつと、一時の激昂は冷静に変わる。事の真相がしだいに明るみに出ると、フランス人自身が国民的恥辱と不幸の真の原因を見定めるようになる。まもなく不人気に陥ったティエールは救国の英雄の高みから滑り落ち、しだいに忘れ去られていく。いっぽう、バゼーヌは死刑から禁固刑に減刑され、やがて脱獄して国外に逃亡する。むろん、そこにその筋の手引きがあったことは言うまでもない。

第５節　アルザス＝ロレーヌの割譲

独仏戦争の最大の事件はアルザス＝ロレーヌ両州の割譲である。あまりにも有名なアルフォンス・ドーデの小説『最後の授業』に素材を提供した、あの事件である。これが以後の独仏関係を決定的に悪化させたことは疑いない。新国境はフランス人にとって切断と敗北の国境であり、ここに立つ「鷲」――新ドイツ帝国の標徴――の立像と「ドイツ帝国」の刻印をもつ柱はフランス人に絶えずこの屈辱事を思い出させた。

アルザス＝ロレーヌの割譲について検討すべき問題は数多くあるが、ここでは紙数の関係で、その意義・動機・影響の三点に絞って考察することにしよう。

割譲の歴史的意義をひとことで言えば、ドイツが史上初めて国境の移動をフランスに強制したところにある。それまでは独仏国境の線引きのイニシアティヴはすべてフランス側がとり、しかも、一方的にドイツの領土を削り取るかたちで進めてきたのだ。

アルザス＝ロレーヌのばあいも、フランスによる併合の一例である。もともとドイツの領邦国家の一つであるアルザスはルイ十四世によってフランス領に編入された(一六八一年)。ロレーヌも、同王による占領を最初に経験して(一六七〇〜九七年)以来、およそ百年間というもの併合と独立を交互に繰り返しながら、少しずつフランスに組み込まれていく。そしてフランス革命以後、決定的にフランス領に編入された。

それゆえ、今度の国境線の変更はドイツ側からみれば、フランスに奪われた領土のドイツへの復帰を意味する。もともと、アルザス＝ロレーヌはドイツ人の居住地域であった。何よりも言語がそれを証明するし、そこにユグノーの新教徒が多いこともその証拠となる。これらのことは戦後、ビスマルクが幾度となく強調するのだが、それを鵜呑みにできないこともまた事実である。かつてドイツ人の居住地域であったことと、ドイツ国民国家の一部であったこととはまったく別の事柄である。なぜなら、ドイツ国民国家は昔は存在せず、今度の戦争に勝利した結果、ようやく誕生したからだ。

次に、プロイセン当局はいつからアルザス＝ロレーヌの割譲を考えたのか、換言すれば、独仏戦争はその奪還をめざして行われたかどうかを検討しよう。これを考察する際、ドイツ世論と政府公式発言とは区別したほうがよいだろう。

世論のなかに「アルザス＝ロレーヌを返せ」という要求が最初に出てくるのは、一八六七年二月、ナポレオン三世がルクセンブルク併合問題を起こしたときである。結局、イギリスの激しい抗議に遭い、皇帝はこの計画を断念するのだが、これが暴露されたとき、ドイツ人の間でナショナリズムの怒りが巻き起こり、ラインラント地域の新聞紙上で盛んに、アルザス＝ロレーヌの「ドイツへの復帰」を要求

アルザス＝ロレーヌの割譲（風刺画）

する記事が載った。ドイツ人の住むルクセンブルクを渡してはならないとすれば、同じくドイツ人の住むアルザス＝ロレーヌも渡してはならない、否、それどころかドイツに戻すべきだという理屈も成り立つ。

この復帰要求は「ルクセンブルクを渡すな」という抗議から出てきたものらしく、ルクセンブルク問題そのものが沈静化すると、こうした声は立ち消えとなる。

次に、プロイセン政府の公式発言の問題に移ろう。前にみたように、プロイセン政府は防御的立場でフランスに挑戦し、したがってアルザス＝ロレーヌ要求を戦争目的に掲げたのではない。もし「復帰」ないし「割譲」を掲げると、プロイセン政府の攻撃性が浮き出てしまう。そうした要求がプロイセン政府当局のだれかの意中にあった可能性までは否定できないが、ともかくそれが当局の公式目標に入っていなかったことは確実である。

ところで、ビスマルクは一八七〇年九月二〇日、フランス国防政府の外相ジュール・ファーヴルと会見(フェリエールの会見)の席上、アルザス＝ロレーヌの割譲を和平条件にもちだしている。これはプロイセン政府の公式見解と見なして差し支えない。

そうすると、アルザス＝ロレーヌ割譲の意図は宣戦布告より後、フェリエール会見より前ということになる。プロイセン第三軍総司令官フリードリヒ＝カール王太子の従軍日誌は八月二〇日の記録において、ビスマルクが「割譲」を仄めかしたと記している。また同日誌は九月三日にも、ビスマルクは目下占領中のアルザスを将来フランスに返還せず、ドイツ帝国に編入する意向のようだと記している。これが真実だとすると、八月中旬の戦いでドイツ軍の勝利が確定的になった段階で、ビスマルクが「割譲」の意志を固めたことになる*。

＊実を言うと、アルザス＝ロレーヌの割譲はビスマルクの本意ではなかった。これは将軍たちの要求によるものと推定される。ビスマルクは戦後すぐの一八七一年八月、ベルリン駐在フランス代理大使に向かって「アルザス＝ロレーヌを諸君から取り上げたのは過ちであった」と発言している。彼はその後も繰り返し「過ち」を述べ、しかも「政治家として一生の不覚であった」とまで言っている。じっさい、ビスマルクは「割譲」の戦後における独仏関係への悪影響を恐れた。並外れて鋭敏な政治感覚をもつ彼ならば、アルザス＝ロレーヌの領有が新生ドイツにとって〝お荷物〟になるだろう程度のことは当然読めたはずである。

それゆえ、「割譲」の要求は歴史的、文化的、政治的な動機によるのではなく、純然たる軍事的動機に基づくと考えたほうがよい。アルザス＝ロレーヌに構築された幾重もの要塞は「ドイツの喉元に突きつけられた短刀」（フェリエール会見でのビスマルク談）のようなもので、フランスはこれを拠点として容易にドイツに侵入できたのである。もしこれらがドイツの手中に落ちれば、今度はドイツを守る斜堤として、そして攻撃上の橋頭堡としてフランスへの侵入の道が開けることになる。その意味でここは戦略的要衝であったのだ。

かくて、戦後のフランスは、同国が長く求めていた「自然国境」（ライン左岸）を獲得するどころではなく、逆に、「喉元に突きつけられた短刀」のために苦しむことになるのだ。

最後に、「割譲」の影響の問題に移るが、これについては短期と長期に分けて考察を進めるべきであろう。

まず短期的影響から。「割譲」は意外にもドイツでは歓迎されなかった。とくに南ドイツ諸国の住民はアルザス＝ロレーヌの「ドイツへの復帰」を歓迎するどころか、むしろ、住民意思を無視する強引なやり方に反発した。こうした暴挙がやがて自分らにも及ぶのではないかを懸念したのだ。

だが、憤懣は当のアルザス＝ロレーヌでいちばん強かった。割譲問題が浮上したそのときから住民にパニックが生じ、大量の難民がフランス領内に雪崩れ込む。戦後もドイツ政府が両州住民に国籍選択の自由を認めたため、こうした移民の流れはしばらく途絶えない。ドイツ的慣習を引きずるアルザス人も二百年間のうちに徐々にフランスへの同化を遂げ、フランス人としての自覚をもっていたのである。

しかし、長期的影響のほうがいっそう深刻である。アルザス＝ロレーヌはこれ以降、祖国フランスのために犠牲となった「殉教者」の扱いを受けることになった。宗教的衣装をまとうアルザスとロレーヌの娘、両州の地図、アルザスの村のシルエット、ヴォージュ(山地)の松、ストラスブールの大聖堂などの図柄が新聞やパンフレットに頻繁に載るようになる。公式の歴史書では、両州がつねにフランス史の重要な一部であることが強調された。

これを契機にジャンヌ＝ダルクの神話が復活した。かつてのジャンヌはオルレアンの町と結びついていたが、今度は失われた両州と結びつくことになった。彼女は大義の味方、国土解放のために神から遣わされた人民の娘となる。彼女はそれまではカトリック派の英雄にすぎなかったのだが、いまや宗派および党派を超える英雄として、共和主義者にとっても国民的シンボルとなった。このように、ジャンヌ＝ダルク信仰の蘇生はアルザス＝ロレーヌ失陥の予期せざる結果である。

フランスでは、ビスマルクの犯した最大の罪は両州の「盗奪」とされた。なぜなら、それが「不可分にして唯一の国民」を分断したからである。「サタン」の地位にまで格上げされたこの「鉄血宰相」は、フランス人のあらん限りの悪罵漫罵の標的となる。王党派から共和派にいたるまでフランス人はすべて、彼への非難の大合唱において完全に一致する。著名作家の筆にかかると、彼はアルザス＝ロレーヌを盗むに飽き足りず、プロイセンの軍靴の下に少数派を踏み潰し、人民の権利を軽蔑し、文化を否認する「反動的田舎紳士」となる。ビスマルクの政治的長命、すなわち彼が一八九〇年まで在職したことは、こうしたフランス人の敵愾心の定着に一役買うところとなり、「ビスマルクの兜」（一本角兜）はつねに嘲りと脅威の象徴となった。

こうして「割譲」は、心底から怒りに燃えるフランス人に対ドイツ復讐戦の大義名分を与えた。アルザス＝ロレーヌ「奪還」は報復を願うフランス人の合言葉となり、「兵士の歌」や「出発の歌」など好戦熱を煽る歌謡がもてはやされるようになった。

一八八七年四月、ロレーヌの新国境付近で起きたシュネーブレ事件は独仏両国をあわや再戦の瀬戸際にまで追いやる。これは、フランスの警官シュネーブレがスパイ容疑で――じっさいスパイであった可能性が高いが――ドイツ官憲により逮捕された事件である。それまで蓄積されていた不平と不満がとつぜん火を吹く。だが、フランス政府の隠忍自重の対応により戦争の危機は回避された。だが、政府はたちまち不人気となり、同年末、グレヴィ大統領は辞職に追い込まれる。この事件はすぐにブーランジェ事件を誘発し、やがて世紀末の、フランス全体を揺るがすドレフュス事件に連なっていく。

アルザス＝ロレーヌの割譲がフランスをドイツの不倶戴天の敵とするについては、ドイツ軍当局もはっきり認識していた。一八七一年三月末、モルトケはベルリンに凱旋するとすぐ、近い将来、ドイツ帝国が直面するであろう戦争について本格的研究を開始する。彼の頭のなかにある仮想敵とは東のロシアと西のフランスであり、両国がいつの日か同盟してドイツを挟み撃ちにするかもしれないというのが懸念の中心にあった。

いっぽう、以後のビスマルク外交の主題はロシアとフランスの同盟の妨害、つまり、いかにしてフランスを孤立状態に維持するかとなった。そして、モルトケ戦略の主題は二正面作戦の止むなきにいたったとき、ドイツ軍はどう対処するかであった。そのため、モルトケは軍部の完全独立を究極目標に据えた。東西両戦線を維持するには兵力の増強が必須であり、それが逐一、議会の動向に左右されては作戦行動に狂いが生じるからである。

こうしてドイツは政治と軍事の両分野において、これまで以上に軍国主義に力点を置いた政策を展開していくことになる。

第6節　エピローグ

独仏戦争は一八七一年五月一〇日のフランクフルト条約締結をもって正式に幕を閉じる。このとき、パリにまだコミューン政府が生き長らえていたが、独仏両政府はそうした内乱などまるで眼中にないかのように、ひたすら和平への努力をつづけた。

残されたページを使ってこの戦争を総括しておこう。ここでの視点は独仏戦争のドイツ、フランス、ヨーロッパへの影響に置かれる。

1　ドイツへの影響

独仏戦争を同盟して戦ったという事実はドイツ人の相互的信頼感を高めるのに貢献し、南ドイツ諸国はプロイセン主導のドイツ統一を受容する方向に傾く。こうして、小ドイツ主義に基づくドイツの統一が達成された。一八七一年一月一八日、ヴェルサイユ宮殿の「鏡の間」でヴィルヘルム一世の戴冠式が行われた*。列席者は諸侯・将軍・外交官・議員・軍人から成り、ルター派の司祭が祭式をリー

---

* 四八年後の一九一九年一月一八日、第一次大戦の結末をつけるヴェルサイユ講和会議が始まり、半年後の六月二八日、この同じ「鏡の間」で講和条約調印式が行われた。これは偶然の一致ではなく、ドイツにたいするフランスの報復行為とみるべきであろう。

独仏間のこうした儀式的応酬はほかにもある。なかでも有名なのが、第一次大戦時と第二次大戦時の休戦協定の調印場所となった「ルトンドの客車」である。この客車はコンピエーニュの森の一角にあり、まず、第一次大戦の休戦協定がここで調印された(一九一八年一一月七日)。そして第二次大戦の調印式もドイツ軍占領下の同じ客車内で行われる(一九四〇年六月二二日)。調印式が終わると、ドイツにとって忌むべき思い出をもつルトンドのいっさいの建物が破壊され、跡地は畑地となり、ここに小麦が植えられた。さらに、ヒトラー総統はこの客車をベルリンに運び見せ物とした。彼はこれを、来るべき戦勝の暁に「第三帝国記念碑」の一部として使うつもりでいた。しかし、この客車はのち連合軍のベルリン空襲で焼失。現在はルトンドの同じ場所に同型の客車が置かれ、両次大戦のこのエピソードをつづる記念館となっている。

ドする。そして、帝国の建国が宣言され、諸王の推挙によりヴィルヘルム一世が帝位に就いた。時代錯誤の封建的な印象だけがあとに残った。

この帝国は、神聖ローマ帝国以来二番目の帝国という意味でドイツ第二帝国と言われる。また、この第二帝国はシャルルマーニュ帝国とも中身が違う。シャルルマーニュが征服により帝国を築いて帝座に就いたのにたいし、今回はプロイセン王、バイエルン王、ヴュルテンベルク王、バーデン大公、ヘッセン大公の同盟がドイツ帝国の呼称をとることになったからである。

この帝国は、普墺戦争後に誕生した北ドイツ連邦の南ドイツへの拡大にほかならず、その意味で北ドイツ連邦と同じである。ビスマルクは参照すべきモデルをこれ以外にもたなかったの

ドイツ第二帝国の誕生（ヴェルサイユ宮殿鏡の間）

だ。ヴィルヘルム一世はプロイセン王のまま皇帝（カイザー）となった。諸王は従前の地位を保持したまま軍事権と外交権だけを帝国政府に付託する。しかし、バイエルンだけは権利の一部を温存した。同国が帝国誕生に最後まで抵抗した形跡がそこに認められる。

だが、プロイセンの絶対的優越は動かない。その国王が代々ドイツ皇帝になり、その首相がそのまま帝国宰相を兼任したため、プロイセン政府がドイツ政府を代行することになった。その意味では、この帝国はプロイセンによるドイツの征服にほかならない。ここから、ドイツ帝国の国制原理をめぐって、連邦か一国専制かという論争の芽が残された。ビスマルク引退後においてそうした問題は露わになっていく。

オーストリアのドイツ帝国からの排除は新たな問題の種を残した。オーストリア政府はドイツ帝国の誕生を黙認したが、オーストリアおよびベーメンのドイツ人とりわけ都市のブルジョア層は帝国の復活を祝し、将来的にオーストリアもこれへの加盟を要求する。しかし、ビスマルクもオーストリア政府当局もこの「大ドイツ主義」の方針を退けた。とくにビスマルクは、オーストリアの存在はヨーロッパの均衡にとって不可欠の条件と見なした。ビスマルクやオーストリア政府のこうした思惑とは別に、ヨーロッパにおいてナショナリズムに起因する国際緊張が高まるたびに、「単一のドイツ」への要求があらわれる。この要求を踏み台にして登場するのがヒトラーである。

一八七一年以後、ビスマルクはヨーロッパの政治舞台の主役となる。当年五六歳の帝国宰相はいまやカリスマ的な存在であった。彼はまるで優れたシナリオに従って演技するかのように三つの戦争を手際よく切り抜け、軍事的勝利を外交的勝利に結びつけた。彼の卓越した外交術はナポレオン三世を操り、次いで廃位させ、ボイスト（オーストリア首相）とティエールを翻弄する。あるときは柔軟に、またあるときは残酷に、しかも冷静かつ巧妙に対処する恐るべき外交官――これがビスマルクのイメージである。彼に反対することは破滅と同義となった。彼はつねに尊敬され、恐れられ、嫌悪される存在であり、山荘に籠っての静養中でさえ、彼のイニシアティヴ・術策・強行が警戒される。

この度を超したカリスマ性がビスマルクの実像を歪めることになる。彼は汎ゲルマン膨脹主義者でもなければ、ヒトラーの先駆者でもなかったにもかかわらず、そう思い込まれてしまう。つまり、ビスマルクが新帝国に領土的限界を当てがったという事実が忘れられる。ドイツは一八七一年のドイツ帝国で完成し、これでヨーロッパの均衡は確定したのであり、以後、ドイツはヨーロッパの平和の懸け橋にならねばならない、というのが彼の持論であった。以後、辞職にいたるまでの二〇年間におけるビスマルク外交の中心はヨーロッパの均衡の維持に置かれることになった。

宰相の内政政策もいくらか保守主義への傾向を帯びるにいたる。それは国内の社会主義勢力、自由主義勢力、カトリック勢力のうち、いずれか一つの突出を抑え、三勢力の均衡を保つことであった。ビスマルクは社会主義勢力には自由主義勢力を、自由主義勢力にはユンカーを、ユンカーには社会主義勢力と自由主義勢力を差し向けるといった牽制術を用いて勢力均衡の維持を図る。

彼がいちばん心を砕いたのはブルジョアジーの膨脹主義の要求にどう対処するかである。戦後におけるドイツの急速な工業化は市場とりわけ国外市場の拡大を必須とする。それゆえ、ブルジョワジーはビスマルク＝膨脹主義者という誤解に基づき、彼に従前政策への〝回帰〟を要求した。しかし、ドイツの領土拡張は一八七〇年戦争で終わりという立場をとるビスマルクは彼らの要求を撥ね除ける。こうして彼の非戦主義はブルジョワジーの眼から見ると〝転向〟と映る。八〇年代に入ると、ビスマルクのカリスマ性は薄れ、内政面における均衡政策の破綻と相俟って彼は不人気に陥った。

2　フランスへの影響

戦後のフランスの政治思潮のなかでいちばんの変化を挙げるとすれば、自由主義および共和主義と軍国主義の和解が始まったことである。ナポレオン三世の対外冒険策に一貫して批判的態度をとりつづけてきた共和主義者は、もともと平和主義の立場を標榜していた。彼らは、クーデタの道具となりうる常備軍の廃止を要求し、もし国家が外敵侵入を受けたばあいは、大革命の先例に倣い総動員令をもって対処すればよい、愛国熱で十分という楽観的な態度をとっていた。

しかし、一八一四〜一五年にヨーロッパ全体を敵にまわして戦ったときとは異なり、今度の戦争ではフランスはドイツ一国と戦って破れたのだ。何という迅速さ、連続的にして圧倒的な敗北、大破局の降伏、領土割譲、未曾有の賠償金、敵の眼前での内戦の勃発——フランス人は地獄の底を見た思いがした。

こうして、自由主義者と共和主義者の転向が相次ぐ。彼らは軍国主義者になったとは言わないまでも、少なくとも軍事力の強化に同意するようになった。近代戦争は愛国主義だけではとうてい勝ち抜けないとの認識が広まる。文化的ナショナリズムの強い風土のフランスには珍しく、ドイツの軍事学や兵法が積極的に採用される。かつて、あれほど排撃されたのが嘘であるかのように、教育課程にもミリタリスム(軍事教練)が入り始める。こうして大革命以来の精神主義ははっきり退潮した。

戦後、フランスの世論は対独復讐熱一色に染まる一方で、敗北を自己責任とする謙虚な反省への動きが始まる。ナポレオン三世を帝座に就けたこと自体、過去の夢を追いつづけてきた国民の責任であるとの自覚が生まれた。帝政に代わるべきものは何か――それは必然的に共和政ということになる。

一八七一年二月、ティエールの国民議会政府は政体問題を曖昧にしたままに出発した。敗戦処理の最中でこの問題にふれると国論統一ができず、それが和平問題に悪影響を及ぼすと判断されたからである。講和問題が最終的に片づくとこの問題が再燃した。共和政か王政かの揺れはその後一〇年ほどつづくが、一八七〇年代末になると、最終的に共和政に落ち着く。その要因を箇条書き式に列挙してみよう。

(1) 敗戦責任は帝政が負うべきである。
(2) 愛国主義の根本は共和主義にある。

独仏戦争におけるパリの英雄的防衛を記念するデファンス像（パリ近郊デファンス地区）

（3）国民的和解はミリタリスムに改宗した共和主義のもとでしか成り立たない。
（4）社会主義勢力の台頭により、政治勢力の均衡点は左に移動した。

共和主義の勝利で思い出されるのがブーランジェ事件（一八八七〜八九年）である。シュネーブレ事件が契機となり対独復讐熱が高揚するなかでブーランジェ将軍への軍事独裁への期待が高まったが、ブーランジェ将軍自身の躊躇によってクーデタは未遂に終わる。この事件は単なる右翼による軍事クーデタではなく、勝利しつつある共和主義運動の一環においてとらえなければならない。対独復讐を忘れた（かのようにみえる）共和政府の日和見主義の姿勢が槍玉となったのだ。同将軍にクーデタを迫ったのはボナパルト派・王党派・カトリック派だけではない、運動参加者の圧倒的多数は共和主義と急進主義からの転向者、そして無党派の愛国者たちであった。ブーランジェ将軍自身が熱心な共和主義の信奉者であり、彼は共和主義政府に敵対してまでクーデタを敢行する決断がつかなかったのだ。

敗戦国フランスでは国民の多くが〝トラウマ〟状態に陥っていた。戦中世代のうち、かなりの部分が共和主義から軍国主義に鞍替えした。だが、そのことは必ずしも王党派への転向を意味せず、共和主義政府の外交政策の消極性に飽き足りなさを感じ、屈折した思いで軍国主義に走るのである。また、年少期に戦争を体験し一八八〇年代に成年に達する戦後世代も、多くが共和主義に共鳴しつつも対独復讐に情熱を燃やす。ブーランジスムとドレフュス事件に積極的にかかわっていくのがこの世代である。

敗戦が生み出したもう一つの大きな変化は植民地主義の興隆である。当初、考えられていたよりもずっと早くフランスは戦後復興を達成した。アルザス＝ロレーヌからの大量亡命は四〇万の人口と多額の資本をフランスにもたらした。これが戦後復興に大きく貢献したのは事実であるが、やがて、一八七三年からヨーロッパ全体を覆う「大不況」が始まるとともに、それは逆に重荷になっていく。

過剰労働力と過剰資本の解決策は新天地を求めるよりほかない。国内南部の未開墾地とアルジェリアが当面、過剰の人口と資本を捌くための植民拠点となった。それだけではとうてい不十分である。これまで国外進出の拠点となってきたのはイタリアとスペインであったが、前者は国家統一を達成し、後者も慢性的政情不安という事情にあり、ともにフランスの進出先としての将来性を失っていた。代わって脚光を浴びたのがテュニジアとトンキン湾である。一八八〇年代のジュール・フェリー首相に始まり、以後の歴代政権は系統的に植民地を広げていく*。アルザスとロレーヌの復讐がアフリカとアジアで始まったのだ。

3　ヨーロッパへの影響

両軍合わせて一八〇万の激闘となった独仏戦争は大規模戦争の部類に入るが、その国際的な影響度は意外と低い。その理由は、それが独仏だけの戦いであって戦場がもっぱらフランス内に限られたため、他の諸国はいずれも戦禍を免れたからである。

国際貿易は戦争によって何ら阻害されなかっただけでなく、中立国はむしろ、この戦争が喚起する特需景気の恩恵に浴した。スエズ運河は一八六九年に開通していたが、俄か景気に基づく大量輸送に適することを実証した。交戦国に隣接するスイス、ベルギー、イギリスはこの好機を逃さなかった。とくにイギリスは国民のフランスびいき――籠城下のパリへの同情――を追い風として、フランスに武器と食糧を売却し莫大な利益を挙げる。合衆国も南北戦争当時の在庫武器の一掃に成功する。

＊ビスマルクがフランスの植民地主義を是認・推奨したことを忘れてはならない。当時、テュニジア進出を狙っていたのはフランスのほかに、イタリアも入植活動でここに足場を築きつつあった。一八七八年のベルリン会議の席上、ビスマルクは同盟国(三帝同盟)のイタリアではなく、宿敵フランスのテュニジア進出を支持する。これは単なる利敵行為ではなく、フランスの矛先をドイツからかわすため、同盟国イタリアを犠牲にしたのであった。イギリスもフランスのエジプトへの進出を逸らす目的で、フランスのテュニジア進出を支持した。

包囲下のパリ株式取引所は活動停止に陥ったが、ロンドン株式取引所が操作を代行する。ロンドンは戦後の賠償金支払いの金融操作からも利益を引き出す。フランス銀行は外戦と内乱(パリおよび各地のコミューン騒動)という突風下の危機を巧みにすり抜け、戦後におけるハイパー・インフレーションを未然に防いだ。戦争が終結したとき、フランスもヨーロッパも、一九一八年と一九四五年のような紙幣の紙屑化はまったく経験しなかった。

戦前と戦後でいちばん大きく変わったのは、ヨーロッパ人の独仏観が逆転したことである。すなわち、残酷な占領、パリ砲撃、アルザス＝ロレーヌ割譲、多額の賠償金要求はヨーロッパ人全体の不興を買う。戦争に破れたフランスへの警戒心は薄れ、代わってドイツへの警戒心が強まる。その変化がもっとも顕著にあらわれたイギリスであるが、同国はこれまでのロシア、フランスを仮想敵とする考え方から抜け出し、徐々にドイツに標的を絞っていく。

ヨーロッパ人のフランス観の変化についてもう一つだけ指摘するとすれば、共和政の認知である。これまでのヨーロッパは、自由主義とナショナリズムの震源地としてのフランスに脅威を感じてきた。フランスが後退したことによってヨーロッパは恐怖感を取り除き、その共和政を初めて認知するにいたる。こうして、以前と比べて影響力を減じたかたちではあるが、フランス人待望の外交主権が復活する。とくに、ドイツのヘゲモニーにたいする重しとしてフランスは重要な役割を担うことになった。

第一次世界大戦まではまだ相当の時間がある。戦後のヨーロッパは英・独・仏・墺・伊・露の六大国体制となる。大陸におけるヘゲモニー国はフランスからドイツへ移り、「ビスマルク体制」はヨーロッパから暫時、戦争を遠ざける。その結果、列強はイギリスに倣って勢力圏を植民地に求めるようになる。海外に未踏地がある限り、ヨーロッパ列強の均衡体制は維持されるであろう。

覇権闘争においてもう一つだけ見逃せない変化がある。それは、教皇権が完全に失墜したことである。イタリア王国は独仏戦争の最中にイタリア半島全域を支配下におさめた。バチカンに押し込められた教皇庁は世俗的影響力を失い、以後はカトリックの教会組織と精神界のみを支配する存在となる。

一九世紀は自由主義とナショナリズムの世紀である。独仏戦争後、自由主義はどこでも退潮したのにたいし、ナショナリズムは勢いを失わなかった。しかし、それでも変化はある。ドイツとイタリアでナショナリズムに基づく統一国家が完成したことによって、運動の震源地はここからバルカン半島および東欧へと移動する。

ドイツの勝利はヨーロッパにドイツをモデルとする軍拡競争をもたらした。フランス自体を含め、各国は戦前のフランスのなかに反面教師を見出す。ナショナリズムは自由主義と袂別し、新たに市民権を獲得した軍国主義と結びつく。軍拡競争は軍産複合体を生み出し、それがある程度、経済的波及効果をもつことから、国の経済政策の根幹部分の構成要素となる。

こうして、自己目的化した軍拡競争はひたすら我が道を驀進する。いつの日か、ヨーロッパのどこかで均衡決壊の時を告げる警報が鳴ったとき、ライバルに遅れず一斉スタートがきれるように、と。

警報は半世紀を待たずその時を告げることになる。すなわち、一九一四年八月がそれである。

参考文献

以下に掲げる参考文献は、最近刊行された単行書を主とする。出版年の古い書籍は、主題とのかかわりが強く独仏関係の歴史を研究するうえで欠かせない文献と見なして掲載した。これ以外にも、一九世紀以降の独仏関係史についての関連古書(主に仏語文献)を、大佛次郎記念館(横浜市中区山手町一一三番地)が多数所蔵していることを付言しておきたい。

1 Bainville (Jacques), *Histoire de deux peuples; continuée jusqu' à Hitler*. Paris, 1995, Édition d'originale 1915. 149p.

2 Bainville (Jacques), *Histoire de France*. Paris, 1924. 560p.

3 Becker (Jean-Jacques) et Audoin-Rouzeau (Stéphane), *La France, la nation, la guerre, 1850-1920*. Paris, 1995. 387p.

4 Bogdan (Henry), *Histoire de l'Allemagne, de la Germanie à nos jours*. Perrin, 1999. 473p.

5 Bury (J.P.T.) and Tombs (R.P.), *Thiers, 1797-1877, A Political Life*. London-Boston-Sydney, 1986. xi, 307p.

6 Cabanel (P.), *Nation, nationalités et nationalismes en Europe, 1850-1920*. Paris, 1995. 262p.

7 Caron (Jean-Claude), *La nation, l'Etat et la démocratie en France de 1789 à 1914*. Paris, 1995. 364p.

8 Chaline (Olivier), *La bataille de la Montagne Blanche, 8 novembre 1620, un mystique chez les guerriers*. Paris, 1999. 623p.

9 Chanal (Michel), *La guerre de 70*. Paris-Bruxelles-Montréal. 1972. 157p.

10 Clapham (J.-H.), *The Economic Development of France and Germany, 1815-1914*. Cambridge, 1968. 420p.

11 Dansette (Adrien), *Louis-Napoléon à la conquête du pouvoir. Paris*, 1961. 496p.

12 Desmarest (Jacques), *Du relèvement aux incertitudes, 1871-1896*. Paris, 1977. 412p.

13 Devulder (Catherine), *L'histoire en Allemagne au XIXe siècle, vers une épistémologie de l'histoire*. Paris, 1993. 214p.

14 Dreyfus (François-Georges), *L'unité allemande*. (Que sais-je?). Paris, 1993. 128p.

15 Engelberg (Erunst), *Bismarck, Urspreuße und Reichsgründer*. Berlin, 1985. 839p.

16 Gall (Lothar), *Bismarck, le révolutionnaire blanc*. Paris, 1980. 845p.

17 Geiss (Imanuel), *The Question of German Unification, 1806-1996*. Translated by Fred Bridgham. London-New York, 1997. 151p.

18 Girard (Louis), *Napoléon III*. Paris, 1986. 550p.

19 Girault (Rene), *Diplomatie européenne et impérialismes, 1871-1914,* Paris-New York-Barcelone-Milan, 1979. 253p.

20 Guiral (Pierre), *Adolphe Thiers ou de la nécessité en politique*. Paris, 1986. 622p.

21 Herre (Franz), *Moltke, Der Mann und sein Jahrhundert*. Deutsche, 1984. 407p.

22 Kintz (Jean-Pierre) et Livet (Georges) [éd.], *350e anniversaire des Traités de Westphalie, une genèse de l'Europe, une société à reconstruire*. Strasbourg, 1999. 643p.

23 Kohn (George Childs), *Dictionary of Wars*, rev. ed. Chicago-London, 1999. 614p.

24 Lorrain (Sophie), *Des pacifistes français et allemands pionniers de l'entente franco-allemande, 1870-1925*. Paris-Montréal, 1990. 297p.

25 Milza (Pierre), *Les relations internationales de 1871 à 1914*.Paris, 1990. 167p.

26 Moore (R.I.), *The First European Revolution, c.970-1215*, (The Making of Europe). Oxford, 2000. 237p.

27 Nipperdey (Thomas), *Germany from Napoleon to Bismarck, 1800-1866*. Dublin, 1996. 760p.

28 Piétri (Nicole), *Évolution économique de l'Allemagne du milieu du XIXe siècle à 1914*, (Regards sur l'histoire). Paris, 1982. 565p.

29 Plessis (Alain), *The Rise and Fall of the Second Empire, 1852-1871*. Paris, 1979. 193p.
30 Poidevin (Raymond) and Bariéty (Jacques), *Les relations franco-allemandes, 1815-1975*. Paris, 1977, 373p.
31 Pradalie (Georges), *Le Second empire*, 6e éd. (Que sais-je?). Paris, 1979. 127p.
32 Roth (François), *La guerre de 70*. Paris, 1990. 778p.
33 Rhtkoff (Peter M.), *Revanche and Revision, the Ligue des Patriotes and the Origins of Radical Right in France, 1882-1990*. London, 1981. 182p.
34 Schiller (J.C.F.von), *Histoire de la guerre de trente ans*. Traduite de l'allemand. Paris, s.d. 471p.
35 Sheehan (James J.), *German History, 1770-1866*, (Oxford History of Modern Europe). Oxford, 1989. 969p.
36 Vallotton (Henry), *Bismarck et Hitler*. Paris, 1954. 373p.
37 Wahl (A.) et Richez (J.C.), *L'Alsace entre France et Allemagne, 1850-1950*, (La vie quotidienne). Paris, 1993. 347p.
38 Wawro (Geoffrey), *The Austro-Prussian War, Austria's War with Prussia and Italy in 1866*. Cambridge, 1996. xiii, 313p.
39 Weygand (le général), *Histoire de l'armée française*. Paris, 1953. 475p.
40 Zollner (Erich), *Histoire de l'Autriche, des origines à nos jours*. (Histoire des Nations). Paris, 1965. 729p.
41 アイク(エーリッヒ)著　救仁郷繁・他訳『ビスマルク伝　一〜八』ぺりかん社、一九九三〜一九九九年。
42 エンゲルベルク(エルンスト)著　野村美紀子訳『ビスマルク、生粋のプロイセン人、帝国創建の父』海鳴社、一九九六年、七九八頁(前掲欧文文献15の邦訳)。
43 オリユー(ジャン)著　田中梓訳『カトリーヌ・ド・メディシス　上・下』河出書房新社、一九九〇年、五五三頁、五五八頁。
44 小田垣雅也著『キリスト教の歴史』講談社学術文庫、一九九五年、二五八頁。
45 ガル(ロタール)著　大内宏一訳『ビスマルク、白色革命家』創文社、一九八八年、一〇四〇頁(前掲欧文文献16の邦訳)。

46 クラウゼヴィッツ著　淡徳三郎訳『戦争論』徳間書店、一九六五年、四二三頁。
47 クラパム(J・H・)著　林達監訳『フランス・ドイツの経済発展　上・下』学文社、一九七二年、一九七四年、四七九頁:通し頁(前掲欧文文献10の邦訳)。
48 窪田般弥著『皇妃ウージェニー、第二帝政の栄光と没落』白水社、一九九一年、二一一頁。
49 ケネディ(ポール)著　鈴木主税訳『大国の興亡　上・下』草思社、一九八八年、四〇九頁、三八九頁。
50 ケルブレ(ハルムート)著　雨宮・金子・永岑・古内訳『ひとつのヨーロッパへの道』日本経済評論社、一九九七年、三〇〇頁。
51 柴田三千雄・樺山紘一・福井憲彦編『世界歴史体系　フランス史　一・二・三』山川出版社、一九九五年、五一六頁、四六七頁、五〇三頁。
52 シャイラー(ウィリアム)著　井上勇訳『フランス第三共和制の興亡　一・二』東京創元社、一九七一年、六二五頁、六〇〇頁。
53 ジョーダン(テリー・G・)著　山本・石井訳『ヨーロッパ文化、その形成と空間構造』大明堂、一九八九年、五一一頁。
54 ジョル(ジェームス)著　池田清訳『第一次大戦の起源』みすず書房、一九八七年、三五六頁。
55 ジョンソン(ポール)著　別宮貞徳訳『キリスト教の二〇〇〇年　上・下』共同通信社、一九九九年、四〇三頁、四二九頁。
56 スケッド(アラン)著　鈴木・別宮訳『図説ハプスブルク帝国、千年王国の光と影』原書房、一九九六年、三四一頁。
57 鈴木杜幾子著『ナポレオン伝説の形成』ちくまライブラリー、一九九四年、二四六頁。
58 高木良男著『ナポレオンとタレイラン　上・下』中央公論社、一九九七年、四五〇頁、四一〇頁。
59 テイラー(A・J・P・)著　川端・岡訳『ヨーロッパ栄光と凋落、近代ヨーロッパ政治外交史論』未来社、一九七五年、四八八頁。

60 テイラー(A・J・P・)著 倉田稔訳『目で見る戦史、第一次世界大戦』新評論、一九八〇年、三三六頁。
61 テイラー(A・J・P・)著 古藤晃訳『目で見る戦史、第二次世界大戦』新評論、一九八一年、二八二頁。
62 テイラー(A・J・P・)著 古藤晃訳『目で見る歴史、戦争はなぜ起こるか』新評論、一九八二年、二二九頁。
63 テイラー(A・J・P・)著 古藤晃訳『目で見る歴史、革命と革命家たち』新評論、一九八四年、二〇八頁。
64 テイラー(A・J・P・)著 倉田稔訳『ハプスブルク帝国(一八〇九～一九一八)』筑摩書房、一九八七年、四〇八頁。
65 テイラー(A・J・P・)著 井口省吾訳『近代ドイツの辿った道』名古屋大学出版会、一九九二年、二六七頁。
66 中谷猛著『近代フランスのナショナリズムと自由』法律文化社、一九九六年、三五七頁。
67 成瀬治・山田欣吾・木村靖二編『世界歴史体系 ドイツ史 一・二・三』山川出版社、一九九七年、六四八頁、五七六頁、六五六頁。
68 ハスキンズ(C・H・)著 別宮・朝倉訳『一二世紀ルネサンス』みすず書房、一九八九年、三九七頁。
69 ハフナー(セバスティアン)著 山田義顕訳『ドイツ帝国の興亡、ビスマルクからヒトラーへ』平凡社、一九八九年、三三九頁。
70 ハフナー(セバスティアン)著 魚住昌良訳『図説プロイセンの歴史、伝説からの解放』東洋書林、二〇〇〇年、三六五頁。
71 林健太郎著『プロイセン・ドイツ史研究』東京大学出版会、一九七七年、二六〇頁。
72 バルジーニ(ルイジ)著 浅井泰範訳『ヨーロッパ人』みすず書房、一九八六年、三六三頁。
73 ヒーター(デレック)著 田中俊郎監訳『統一ヨーロッパへの道』岩波書店、一九九四年、三〇四頁。
74 フォルツ(ロベール)著 大島誠訳『ドキュメンタリー・フランス史、シャルルマーニュの戴冠』白水社、一九八六年、二二三頁。
75 ポミアン(クシシトフ)著 松村剛訳『ヨーロッパとは何か、分裂と統合の一五〇〇年』平凡社、一九九三年、二八九頁。
76 的場昭弘著『フランスの中のドイツ人、一八四八年革命前後の移民、亡命者、遍歴職人と社会主義運動』御茶の水書房、一九九五年、三七八頁。
77 的場昭弘・高草木光一編『一八四八年革命の射程』御茶の水書房、一九九八年、三二六頁。
78 マン(ゴーロ)著 上原和夫訳『近代ドイツ史 一・二』みすず書房、一九七三年、一九七七年、三二九頁、三七五頁。
79 望田幸男著『ドイツ統一戦争、ビスマルクとモルトケ』教育社、一九七九年、二三二頁。
80 本池立著『ナポレオン、革命と戦争』世界書院、一九九二年、二五九頁。
81 ヤコノ(グザヴィエ)著 平野千果子訳『フランス植民地帝国の歴史』白水社、一九九八年、一八四頁。
82 山上正太郎著『ナポレオン・ボナパルト』社会思想社、一九九四年、二八六頁。
83 ラウクハルト(フリードリヒ・クリスティアン)著 上西川原章訳『一従軍兵士の手記、ドイツ人の見たフランス革命』白水社、一九九二年、四三〇頁。
84 ラペール(アンリ)著 染田秀藤訳『カール五世』白水社、一九七五年、一七九頁。
85 リュシェール(アシル)著 木村尚三郎監訳『フランス中世社会、フィリップ=オーギュストの時代』東京書籍、一九〇〇年、五五七頁。
86 渡辺昇一著『ドイツ参謀本部』中公新書、一九七四年、二〇一頁。

著者紹介

松井　道昭（まつい　みちあき）

1943年生まれ、島根県出身。1967年、横浜市立大学商学部経済学科卒業。1973年、一橋大学大学院社会学研究科博士課程単位取得満期退学。1971年、横浜市立大学商学部助手を経て、現在同大学教授。1978年〜現在、大佛次郎記念館嘱託研究員。

専門は西洋経済史、とくに近代フランス社会経済史。

主要著作

Catalogue des caricatures politiques de la Collection Osaragi,（財）大佛次郎記念会、1981年。図録『漫画で見る普仏戦争・パリ＝コミューン』（財）大佛次郎記念会、1981年。『フランス第二帝政下のパリ都市改造』日本経済評論社、1997年。

横浜市立大学学術研究会

横浜市立大学叢書 2

独仏対立の歴史的起源――スダンへの道――

2001年3月30日　　初　版第1刷発行　　〔検印省略〕

＊定価はカバーに表示してあります

印刷・製本 中央精版印刷

東京都文京区向丘1-5-1　郵便振替 00110-6-37828
〒113-0023　TEL (03) 3818-5521(代)　FAX (03) 3818-5514
E-Mail tk203444@fsinet.or.jp

発行所 株式会社 東信堂

Published by TOSHINDO PUBLISHING CO., LTD.
1-5-1, Mukougaoka, Bunkyo-ku, Tokyo, 113-0023, JAPAN

ISBN4-88713-386-3 C1322 ¥1500E

横浜市立大学叢書(シーガル・ブックス)の刊行にあたって

近代日本は外来のモデルをいち早く導入することによって一流を維持できましたが、模倣の時代が過ぎ去った現代において、われわれは創造の試練をくぐり抜けなければなりません。知識人のあり方も、大学のあり方も、大きく変わっています。

旧来のように社会から孤立する道をいち早く脱し、その逆に社会とかかわり、その荒波にもまれてこそ確たる真理を樹立でき、そうしてこそ学問の自由を守りぬくことができる、こうした時代になっていると思います。

本学にはこの方向へと大胆かつ慎重に歩む教員が多数おります。また、その志を持つ教員の姿を目の当たりにする中で、優秀な学生が育っていくはずです。本学は教育・研究・社会貢献の三つの柱をともに重視していますが、教育と社会貢献の基盤もやはり研究にほかなりません。研究の質的向上なくしては、質の高い教育も社会貢献も達成しがたいと考えます。

社会貢献の一端として本学の研究成果を広く学外に開放するため継続的に単行本を刊行しようという試みは、以前から何度かありましたが、諸般の事情から実現できませんでした。まさに21世紀の元年にあたって「横浜市立大学叢書」を刊行できたことに些かの感慨がないわけではありません。

叢書の愛称シーガル・ブックスのシーガルはカモメであり、学生厚生施設の名称にも採用された、本学のロゴであります。もともとは校歌に「鴎の翼に朝日は燿《かが》よい……」(西条八十作詞)と歌われたことに由来します。横浜市の最南に位置する本学の金沢八景キャンパスは、海(東京湾)に近く、構内は緑の丘(斜面緑地)に囲まれ、研究棟の屋上にはトンビが営巣、海辺にはカモメが舞い、人口340万の大都会とは思えない、自然に恵まれた環境にあります。

本叢書は毎年発行する計画ですが、10年、20年を経るなかで、連鎖的に大きな役割を発揮すると確信しています。編集の狙いは、平易に書かれた専門書、あるいは知的刺激に富む入門書を公刊することです。横浜市立大学叢書(シーガル・ブックス)は地域社会と人類社会への本学の貢献の一つです。厳しく暖かいご声援をお願いします。

平成13(2001)年　春　吉日

横浜市立大学学術研究会 会長
横浜市立大学 学長　加藤祐三